Abschlussprüfung Deutsch

Berufsfachschule Baden-Württemberg

Prüfungsvorbereitung

Arbeitsheft mit Lösungen

Herausgegeben von
Martina Schulz-Hamann

Erarbeitet von
Michael Bach, Rainer Ruoß, Martina Schulz-Hamann,
Claudia Sciarabba, Bettina Sieber

Cornelsen

INHALTSÜBERSICHT

Sachtexte · Literarische Texte · Grundlagenwissen

Sachtexte Literarische Texte Grundlagenwissen

Startklar für die Prüfung

Sie stehen vor Ihrer **schriftlichen Abschlussprüfung im Fach Deutsch** und haben mit diesem Arbeitsheft die Möglichkeit, sich gezielt auf die Prüfung vorzubereiten. Lesen Sie zunächst diese und die nächsten Seiten zu „Startklar für die Prüfung“. Hier finden Sie Antworten auf die folgenden Fragen:
- Wie sieht die Prüfung aus?
- Was wird in der Prüfung von mir erwartet?
- Wie läuft die Prüfung ab?
- Wie teile ich die Zeit während der Prüfung gut ein?
- Wie wird die Prüfung bewertet?
- Was hilft mir, einen Text zu verstehen?

Wie sieht die Prüfung aus?

Die Prüfung enthält **vier Aufgaben**, die immer die folgenden Bereiche abdecken:
- Materialgestützte Stellungnahme
- Stellungnahme auf der Grundlage eines Sachtextes
- Textinterpretation
- Gestaltendes Interpretieren

Sie wählen aus diesen **eine** Aufgabe aus und bearbeiten sie.

Was wird in der Prüfung von mir erwartet?

Zu jedem dieser schriftlichen Aufgabenformate gibt es festgelegte Anforderungen. In der Prüfung sollen Sie den Nachweis erbringen, dass Sie diese Anforderungen erfüllen. Jede Aufgabe hat als Grundlage mindestens einen Text. Auf Seite 6 finden Sie eine Lesetechnik, die Ihnen hilft, den Text zu verstehen. Diese können Sie auch in der Prüfung einsetzen.

Aufgabenformat: Materialgestützte Stellungnahme

Sie bekommen zwei bis drei verschiedene Materialien, die Informationen zu einem bestimmten Thema enthalten. Die Materialien können sein: Sachtexte (z.B. Bericht, Interview, Reportage) und Diagramme/Schaubilder (z.B. Umfrageergebnisse, Statistiken).

Sie sollen eine Stellungnahme zu dem Thema schreiben und sich dabei auf die Materialien beziehen. Dazu sichten Sie das Material und entnehmen ihm Informationen, die für Ihre Stellungnahme hilfreich sind. Sie beziehen Stellung zu dem Thema und stützen diese durch Argumente, um Ihre Position überzeugend darzulegen. Mögliche Gegenargumente können angeführt und argumentativ widerlegt werden.

Aufgabenformat: Stellungnahme auf der Grundlage eines Sachtextes

Sie sollen eine Stellungnahme zu einer Frage bzw. einem Aspekt eines bestimmten Themas schreiben. Grundlage dieser Aufgabe ist ein kommentierender Sachtext. Sie sollen die wichtigen Aussagen aus dem Text sachlich und neutral zusammenfassen. Wenn Sie die

Meinung der Autorin oder des Autors wiedergeben, verwenden Sie dafür die indirekte Rede. Anschließend beziehen Sie Stellung zu dem Thema und stützen Ihre Position mit Argumenten, die nachvollziehbar und schlüssig sind. Dabei beziehen Sie die Inhalte des Sachtextes in Ihre Stellungnahme mit ein. Sie können die Meinung der Autorin oder des Autors unterstützend hinzuziehen oder ganz bzw. teilweise widerlegen.

Aufgabenformat: Textinterpretation

Sie sollen eine Interpretation zu einem kurzen literarischen Text (Kurzgeschichte, Romanauszug oder Gedicht) schreiben. Zunächst fassen Sie den Inhalt des Textes ohne Wertung zusammen. Dann interpretieren Sie den vorliegenden Text.

Aufgabenformat: Gestaltendes Interpretieren

Grundlage dieser Aufgabe ist ein kurzer literarischer Text. Sie sollen zeigen, dass Sie den Text verstanden haben, indem Sie einen eigenen Text dazu verfassen. Das kann ein Tagebucheintrag oder ein Brief aus der Sicht einer Figur sein oder die Fortführung eines Dialogs.

Dabei müssen Sie die Besonderheiten der jeweiligen Textsorte berücksichtigen. Die Aufgabenstellung verlangt einen Perspektivwechsel.

Wie läuft die Prüfung ab?

Die Prüfung dauert 180 Minuten.

Sie dürfen als Hilfsmittel ein Wörterbuch verwenden. Es kann bei Unsicherheiten im Hinblick auf die Rechtschreibung, Grammatik und die Bedeutung eines Wortes hilfreich sein (siehe dazu auch die folgende Seite).

Wie teile ich die Zeit während der Prüfung gut ein?

Ein gutes Zeitmanagement hilft Ihnen, die Prüfungsaufgabe erfolgreich zu bearbeiten. Am besten notieren Sie zu Beginn der Prüfung Anfang und Ende der einzelnen Arbeitsphasen auf einem Blatt und behalten diese Zeiten während der Bearbeitung im Auge. Zur Orientierung in einer Prüfung von 180 Minuten kann Ihnen diese Übersicht dienen:

ca. 40 Minuten von ____ bis ____	- Aufgabenstellung lesen und (alle Teilaufgaben) verstehen - Materialien lesen - Konzept erstellen
ca. 120 Minuten Teilaufgabe 1: von ____ bis ____ Teilaufgabe 2: von ____ bis ____ ...	- Zeitaufwand für jede Teilaufgabe abschätzen und notieren - Teilaufgaben nacheinander in der geplanten Zeit bearbeiten - Zwischenergebnisse auf Konzeptpapier notieren - Ergebnisse in Reinschrift auf Klausurbogen schreiben
ca. 20 Minuten von ____ bis ____	- Rechtschreibung und Zeichensetzung überprüfen - Seitenzahlen eintragen - die Klausurbogen mit Ihrem Namen versehen

Wie wird die Prüfung bewertet?

Für die Prüfung erhalten Sie eine Note, die zwei Drittel der Abschlussnote ausmacht.

Was hilft mir, einen Text zu verstehen?

Die Lesekarte

Eine hilfreiche Lesetechnik für das Lesen und Verstehen von Sachtexten und literarischen Texten ist die **Lesekarte**. Wenn man sich die folgenden Fragen auf einer Karteikarte notiert und diese regelmäßig beim Lesen von Texten einsetzt, prägen sich die Fragen ein und man hat sie für die Prüfung im Kopf.

Vor dem Lesen	• **Warum** lese ich den Text? • **Was** weiß ich bereits über das Thema? • **Was** erwarte ich von dem Text?
Während des Lesens	• Welche **Überschriften** und **Hervorhebungen** gibt es? • Hat der Text **Absätze** und **Zwischenüberschriften**? • Gibt es **Fotos, Grafiken** ...? • Kann ich **W-Fragen** beantworten: **Wer? Wann? Was? Wie? Warum?**
Nach dem Lesen	• Habe ich die **Kerngedanken** des Textes verstanden? • Muss ich **unbekannte Wörter** und **unverständliche Textstellen** noch einmal abklären? • Muss ich mir **Notizen** machen? Zum **Text**? Zu jedem **Absatz**? Zu den **wesentlichen Informationen**? Was ist **mir wichtig**?

Das Wörterbuch

Ein Wörterbuch hilft Ihnen, Wörter und ihre Anwendung zu verstehen. Das Beispiel zum Wort „Portfolio“ zeigt Ihnen, welche Informationen Sie einem Wörterbuch entnehmen können.

Port / fo / lio, das; -s, -s (ital.) (Mappe mit Grafiken; *Wirtschaft:* Wertpapierbestand)	/.../ Silbentrennung Unterstreichung des Vokals = Betonung (Hier wird der Buchstabe lang gesprochen.) das = Artikel (*hier:* Neutrum) -s = Position für Genitiv Singular (Hier wird ein -s an den Nominativ Singular angehängt.) -s = Nominativ Plural (Hier wird ein -s an die Singularform angehängt.) (ital.) = Wort stammt aus dem Italienischen. (In Klammern wird die Bedeutung des Wortes erklärt: allgemein und im besonderen Zusammenhang wie hier in der Wirtschaft.)

KAPITEL 1

Eine materialgestützte Stellungnahme schreiben

Teil 1: Schritt für Schritt

Die Aufgabe

- Marc Aurel (121-180 n. Chr.) soll gesagt haben: „Man braucht nur wenig, um ein glückliches Leben zu führen.“
  Nehmen Sie Stellung zu dieser These.
- Nutzen Sie die angefügten Materialien.
  Prüfen Sie sorgfältig, welche Informationen zu Ihrer Stellungnahme passen.
  Ergänzen Sie durch eigene Gedanken.

Material 1

Sigrid Harms/Steffen Trumpf: Finnen sind am glücklichsten, Deutsche etwas unglücklicher (2019)

Laut dem World Happiness Report 2019 gelten die Finnen als das glücklichste Volk der Welt.

„Was macht die Finnen so glücklich?“ In Helsinki erhält man auf diese Frage unterschiedliche Antworten. Eine Mutter, die ihr Neugeborenes über den Platz vor dem Dom der finnischen Hauptstadt schiebt, sagt: „Wir leben einfach in einem großartigen Land mit einer wunderschönen Natur. Das Bildungssystem ist sehr gut, alles ist sauber und sicher.“

Im hippen[1] Stadtteil Kallio […] macht eine 29-jährige Kellnerin in einem Café neben den vielen grünen Plätzen der Hauptstadt und der sauberen Luft auch andere Faktoren aus. „Wir wissen, wie man allein ist und auf seine eigenen Freiräume[2] achtgibt. Wir haben unsere Saunas. Wir trinken am meisten Kaffee.“ […]

Die Sozialpsychologin Jennifer De Paola von der Universität in Helsinki hat sich angeschaut, welche Themen man in Finnland unter dem Hashtag #onnellinen – das bedeutet „glücklich“ – in sozialen Medien veröffentlicht. Ihr Ergebnis: Vor allem Bilder mit Freunden und Familie, aber auch Haustiere, Eindrücke aus der Freizeit und der Natur verknüpften die Menschen auf Instagram und Co. gerne mit ihrem Glücklichsein.

In Finnland schaffe man es, in solchen Posts[3] bescheiden zu bleiben, so De Paola. „Der durchschnittliche Finne würde zum Beispiel nicht mit einer Beförderung oder Gehaltserhöhung angeben“, sagt die Forscherin. Das

1 hipp: angesagt, auf dem neuesten Stand
2 der Freiraum: Möglichkeit, eigene Ideen und Kräfte zu entfalten
3 der Post: Beitrag auf einer Social-Media-Seite

mache ebenfalls glücklich: „Soziales Vergleichen steht in wissenschaftlicher Hinsicht in Verbindung mit Angst und Unglücklichsein, besonders im Zeitalter sozialer Medien.“

Eines der Wörter, die die Finnen am besten beschreiben, ist „Sisu“. Das lässt sich am ehesten mit „Beharrlichkeit“ übersetzen, mit der die Finnen unter anderem ihr raues Klima meistern, wie De Paola sagt. Das finnische Glück fuße[4] zudem auf sozialer Sicherheit und den Möglichkeiten, sich selbst stets neu erfinden zu können. Jeder sei gleich, niemand werde ausgeschlossen.

„Einwanderer fühlen sich in Finnland genauso wohl wie die Einheimischen“, sagt sie. Auch das Vertrauen untereinander spiele eine große Rolle, wie etwa der Blick vor das Café in Kallio zeigt: Dort hat eine Mutter ihr Baby im Kinderwagen vor dem Lokal abgestellt – ohne Angst davor zu haben, ihrem Kind könnte irgendetwas zustoßen.

Deutsche Presse-Agentur, Hamburg

4 fußen: etwas als Grundlage haben

Material 2

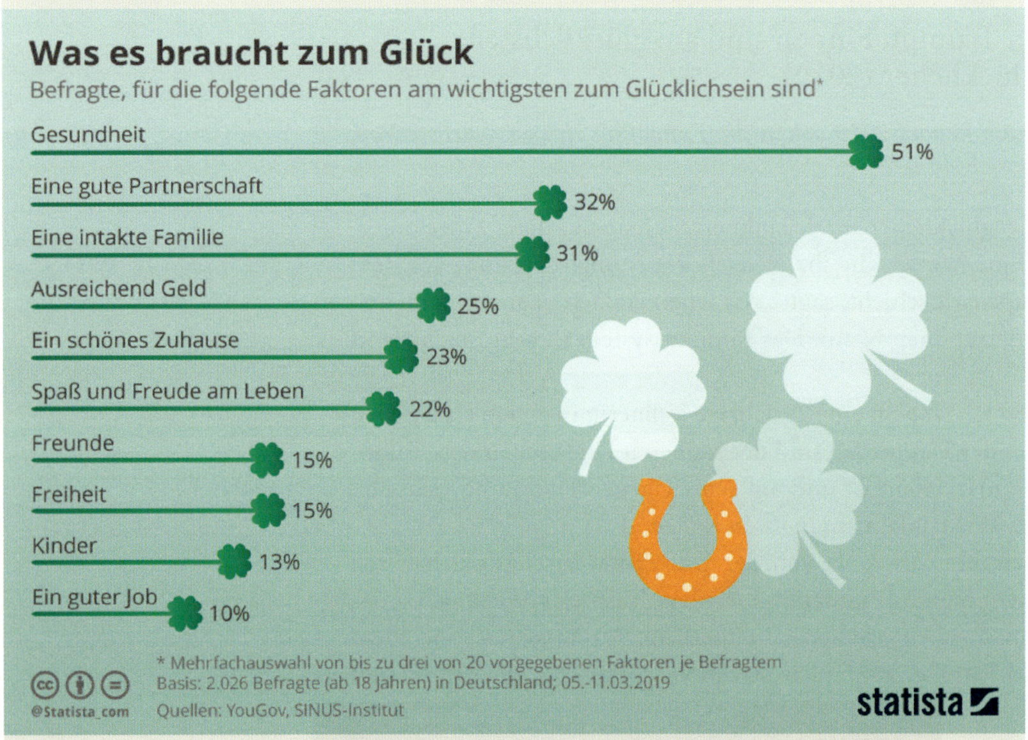

Diese Kompetenzen sind gefragt

Kreuzen Sie an, wie Sie sich einschätzen.

Kompetenzen	Das kann ich sehr gut	Das kann ich	Das kann ich teilweise	Das trainiere ich
Material zielgerichtet erschließen				
– Lesetechniken anwenden				
– Textinhalte verstehen				
– wesentliche und unwesentliche Textinhalte unterscheiden				
– Schaubilder lesen und auswerten				
– Informationen der Materialien im Hinblick auf die Aufgabenstellung prüfen				
– Informationen der einzelnen Materialien zusammenführen				
argumentieren und Stellung nehmen				
– Argumentationen nachvollziehen				
– sich eine eigene Meinung bilden				
– Informationen aus den Materialien für die Argumentation nutzen				
– Argumente bilden und formulieren				
– Argumente gewichten und logisch anordnen				
Struktur und Inhalt eines Aufsatzes planen				
– eine Stellungnahme sinnvoll einleiten				
– eine Stellungnahme schlüssig aufbauen				
– eine Stellungnahme sinnvoll abschließen				
– die Ausarbeitung übersichtlich strukturieren und gliedern (Absätze)				
– sinnvolle Übergänge zwischen den einzelnen Teilen formulieren				
die Ausarbeitung im Hinblick auf sprachliche Richtigkeit überarbeiten				

Notizen: ______________________________

____

____

____

____

Das Thema und die Materialien erschließen

1 *Setzen Sie sich mit der Aufgabenstellung auseinander: Notieren Sie alle geforderten Teilschritte aus der Aufgabenstellung in eigenen Worten.*

1. ______________________________

2. ______________________________

3. ______________________________

4. ______________________________

2 *Aktivieren Sie Ihr Vorwissen. Notieren Sie in Stichworten, was Ihnen zum Thema „Glück" einfällt.*

____

____

3 *Betrachten Sie die These der Aufgabenstellung. Geben Sie das Zitat von Marc Aurel „Man braucht nur wenig, um ein glückliches Leben zu führen." in eigenen Worten wieder.*

____

____

____

4 *Nehmen Sie Stellung zu dem Zitat von Marc Aurel. Nutzen Sie dazu auch* GUT ZU WISSEN *„Ein Argument aufbauen" von Seite 11.*

a) Notieren Sie Argumente, die für Ihre Einstellung sprechen.

Argument 1: ______________________________

____

Argument 2: ______________________________

____

Argument 3: ______________________________

____

Argument 4: ______________________________

____

b) Finden Sie für jedes Ihrer Argumente passende Argumentationsstützen, etwa Vergleiche, Fakten oder Beispiele.

Argument	Argumentationsstützen

GUT ZU WISSEN **Ein Argument aufbauen**

Nach einer **Behauptung** (These) sollte in der Regel eine **Begründung** (Argument) folgen, damit die These überzeugt und nachvollziehbar wird. Mit der **Argumentationsstütze** (Beispiel, Entfaltung des Arguments) gibt man der These noch mehr Beweiskraft.

Beispiel:
These: Man braucht nur wenig, um ein glückliches Leben zu führen.
Argument: Oft sind es die kleinen, nebensächlich erscheinenden Dinge, die besonders wertvoll sind.
Argumentationsstütze: Sich die Zeit zu nehmen, mit Freunden oder Familienmitgliedern in Ruhe etwas zu unternehmen und sich miteinander zu beschäftigen, empfinden viele Menschen als glückliche Situation. So bleiben zum Beispiel der gemeinsame Familienausflug am Wochenende oder das Ferienlager in den Sommerferien für viele Kinder in bleibender Erinnerung.

5 *Untersuchen Sie den Zeitungsartikel aus Material 1.*

a) Lesen Sie den Text. Markieren Sie wichtige Textstellen und tragen Sie Randbemerkungen ein. Verwenden Sie verschiedenfarbige Stifte.

b) Notieren Sie die Schlüsselbegriffe des Textes.

c) Notieren Sie wichtige Aussagen aus dem Text. Ordnen Sie die Informationen nach Wichtigkeit, indem Sie sie nummerieren (1 = das Wichtigste usw.). Nutzen Sie dazu auch GUT ZU WISSEN „Materialien zielgerichtet erschließen" von Seite 14.

6 *Prüfen Sie die aus den Materialien gewonnenen Informationen im Hinblick auf die Aufgabenstellung. Notieren Sie die Informationen, die Sie in Ihrer Stellungnahme aufgreifen möchten, und geben Sie jeweils die Zeilen an. Begründen Sie Ihre Auswahl.*

Nr.	Informationen aus Material 1	Zeile	Begründung

7 *Untersuchen Sie Material 2, das Schaubild.*

a) Worüber gibt das Schaubild Auskunft? Geben Sie die Aussage in eigenen Worten wieder.

b) Notieren Sie, welcher Zusammenhang zwischen dem Schaubild und dem Zeitungstext besteht. Beachten Sie dabei auch die Aufgabenstellung.

c) Notieren Sie, welche Informationen aus dem Schaubild Sie in Ihrer Stellungnahme aufgreifen möchten.

8 *Erstellen Sie eine Übersicht über alle Informationen, die Sie für Ihre Stellungnahme verwenden. Ordnen Sie die Informationen aus den Materialien in die Tabelle ein.*

Material 1: Finnen sind am glücklichsten ...	Material 2: Was es braucht zum Glück

Material 1: Finnen sind am glücklichsten ...	Material 2: Was es braucht zum Glück

GUT ZU WISSEN **Materialien zielgerichtet erschließen**

Um eine materialgestützte Stellungnahme zu verfassen, müssen die vorgegebenen Materialien **zielgerichtet im Hinblick auf die Aufgabenstellung** gelesen werden. Dabei geht es nicht darum, *alle* Materialien umfassend zu analysieren. Vielmehr müssen die Texte bzw. Abbildungen/Diagramme dahingehend ausgewertet werden, ob die Informationen für das Verfassen der Stellungnahme verwendet werden können.

Bei manchen Informationen ist dies auf Anhieb klar erkennbar, andere wichtige Aussagen sind eher versteckt im Text enthalten. Manche überschneiden sich mit denen aus anderen Materialien oder sind für eine Stellungnahme nicht von Bedeutung.

Diagramme/Schaubilder sollen immer kritisch gelesen werden. Durch die Wahl der Maßeinheiten oder durch bestimmte Fragestellungen können Aussagen gelenkt und verzerrt werden.

Nach Sichtung aller vorgegebenen Materialien ist es hilfreich, die entnommenen Informationen in eine Tabelle zu übertragen und einander gegenüberzustellen.

Die materialgestützte Stellungnahme planen und schreiben

1 *Sammeln Sie alle Argumente in einer Tabelle.*

a) Notieren Sie in der Tabelle alle Argumente, die Sie verwenden wollen. Nutzen Sie dazu die Ergebnisse der Aufgaben 4b und 7c. Ergänzen Sie eigene Argumente.

b) Belegen Sie die Argumente mit Argumentationsstützen. Bringen Sie die Argumente in eine logische Anordnung (mit a, b, c ...). Nutzen Sie auch den Schreibplan auf der hinteren Umschlaginnenseite.

Anord-nung	Argument	Argumentationsstütze (z.B. Beispiel, Zahlen und Fakten)

2 *Formulieren Sie eine Einleitung für Ihre materialgestützte Stellungnahme. Nutzen Sie dazu* GUT ZU WISSEN *„Eine materialgestützte Stellungnahme verfassen“ auf Seite 16.*

a) Notieren Sie Stichworte zu Inhalten aus den Materialien 1 und 2, die Sie für Ihre Einleitung verwenden können.

Material 1: ______________________________

____

____

Material 2: ______________________________

____

____

b) Verfassen Sie eine Einleitung auf der Grundlage der gesammelten Informationen.

____

____

3 *Schreiben Sie die vollständige materialgestützte Stellungnahme auf ein gesondertes Blatt. Verwenden Sie dabei Ihre Vorarbeiten aus den Aufgaben 1 und 2.*

4 *Verfassen Sie einen Schluss zu Ihrer Stellungnahme.*

GUT ZU WISSEN | **Eine materialgestützte Stellungnahme schreiben**

Eine materialgestützte Stellungnahme wird in die drei Teile **Einleitung, Hauptteil, Schluss** gegliedert, die durch Absätze getrennt und durch passende Überleitungssätze miteinander verknüpft werden.

Einleitung: Die Einleitung soll das Interesse wecken und zum Thema überleiten. Oft finden sich in den Materialien bereits Aufhänger wie interessante Beispiele oder Ergebnisse aus Untersuchungen, die dafür geeignet sind.

Hauptteil: Die Informationen aus den Materialien eignen sich, um die Thesen zu begründen und zu belegen. Das Anführen von Fakten, Zahlen oder Meinungen aus den Materialien verleiht den Argumenten Überzeugungskraft und Stichhaltigkeit. In die Stellungnahme sollen zusätzlich **eigene Argumente** einfließen, die über die Informationen aus den Materialien hinausgehen. Es genügt nicht, nur die Inhalte der Materialien wiederzugeben.

Schluss: Der Schlussteil rundet den Aufsatz ab, z.B. durch ein Fazit oder eine Anknüpfung an die Einleitung. Auch hier kann man noch einmal auf die vorgegebenen Materialien Bezug nehmen.

Den Aufsatz überarbeiten

Überprüfen und überarbeiten Sie Ihren Aufsatz.
Beachten Sie dabei den „Check: Textrevision“ auf der hinteren Umschlaginnenseite.
Berücksichtigen Sie auch das Kapitel „Extra: Richtig schreiben“ ab Seite 75.

So schätze ich mich jetzt ein

Füllen Sie den Kompetenzcheck dieses Kapitels erneut aus. Können Sie Veränderungen im Vergleich zum letzten Mal feststellen?

Teil 2: Vertiefen und üben

Die Aufgabe

- „Zoos erfüllen wichtige Funktionen in der heutigen Gesellschaft.“
  Nehmen Sie Stellung zu dieser These.
- Nutzen Sie die angefügten Materialien.
  Prüfen Sie sorgfältig, welche Informationen zu Ihrer Stellungnahme passen.
  Ergänzen Sie durch eigene Gedanken.

Material 1

Sandra Kampmann, Erlebniszoos (2019)

Glaswände statt Gitterstangen, weitläufige Gehege anstelle enger Käfige – das sind zwei Merkmale der drei Erlebniszoos in Deutschland. Der Zoo Hannover wurde bereits in den 1990er-Jahren umgebaut, es folgten Leipzig und die „Zoom Erlebniswelt“ in Gelsenkirchen.

Die modernisierten Zoos setzen konsequent auf den Erlebnis-Charakter. Eine Trendwende, der sich auch die konventionell geführten Zoos nicht ganz entziehen können. [...] Im Gegensatz zu den alteingesessenen Zoos und Tiergärten in Deutschland setzen die moderneren Erlebniszoos verstärkt auf aufwendig gestaltete Themen- und Erlebniswelten. Die haben so exotische Namen wie Kiwara-Savanne, Gondwanaland, Mullewapp oder Alaska.

Das traditionelle Konzept der Zoos, möglichst viele Tierarten zu präsentieren, gilt bei den Marketingstrategen[1] moderner Zoos als überholt.

Ein Beispiel für die Neugestaltung sind die Afrika-Erlebniswelten. Hier werden die Tiere in weitläufigen Gehegen gehalten, die ihren natürlichen Lebensräumen entsprechen. Und das nicht streng nach Arten getrennt: Das Nashorn galoppiert einträchtig mit Antilope und Zebra um die Wette – fast wie in freier Wildbahn.

Der Themengedanke spiegelt sich auch in der Architektur wider. Nichts ist dem Zufall überlassen: Von der Lodge[2] bis zur Speisekarte ist (fast) alles afrikanisch. Auf den Besucher wirkt das wie eine perfekte Illusion[3]: Afrika im Ruhrgebiet oder in Sachsen – da muss man gar nicht mehr in ferne Kontinente reisen.

Eine Bootsfahrt auf dem künstlich angelegten Fluss dicht vorbei an prustenden[4] Flusspferden und rosaroten Flamingos bietet den Besuchern Safari-Feeling pur. [...] Zum Erleben gehört auch, dass die Blicke der Besucher weder durch Zäune noch durch Gitter getrübt werden. Traurige Tiere hinter Käfigstangen sind passé[5], neue Blickwinkel sind gefragt wie beispielsweise in der Flusspferdanlage im Zoo Hannover. Um das Unterwasserballett der bis zu drei Tonnen schweren Flusspferde zu erleben, müssen sich die Besucher in einer Höhle sammeln, wo Glasfenster den Blick auf das Treiben unter Wasser freigeben.

1 die Marketingstrategen: Personen, die für Werbung zuständig sind
2 die Lodge: Anlage mit Ferienhäusern
3 die Illusion: falsche Wahrnehmung der Wirklichkeit
4 prusten: spritzen und blasen
5 passé: nicht mehr zeitgemäß

Was Seelöwe und Eisbär so unter Wasser alles können, kann man auch in einem Unterwassertunnel in der Erlebniswelt „Alaska“ in Gelsenkirchen bewundern. Oder im „Pongoland“ in Leipzig: Unsichtbare Gräben und spektakuläre Aussichtspunkte eröffnen vielfältige Perspektiven auf Affen und Co.

www.planet-wissen.de

Material 2

Was verbinden die Deutschen mit Zoos?

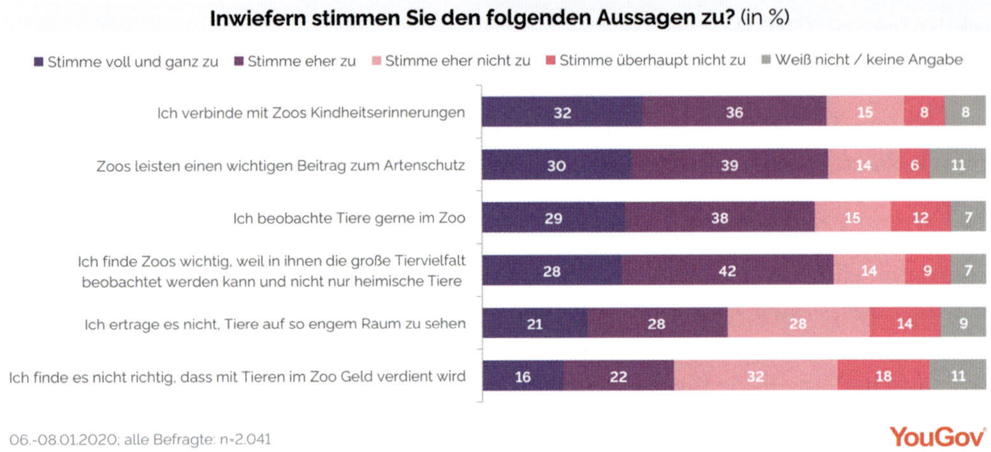

CHECKLISTE **Eine materialgestützte Stellungnahme schreiben**

Einleitung
- ✔ Wird in der Einleitung der Anlass für die Stellungnahme genannt?
- ✔ Ist das Thema der Stellungnahme klar formuliert?
- ✔ Wird das Interesse der Leserin / des Lesers geweckt?
- ✔ Schließt die Einleitung mit einer Überleitung zum Hauptteil?

Hauptteil
- ✔ Werden im Hauptteil genügend Argumente angeführt?
- ✔ Enthält die Stellungnahme sowohl eigene Gedanken als auch Informationen bzw. Argumente aus den vorgegebenen Materialien?
- ✔ Werden Informationen aus den Materialien inhaltlich korrekt wiedergegeben?
- ✔ Werden die Argumente entfaltet, also gut begründet und durch Beispiele belegt?
- ✔ Sind die Argumente durch passende Überleitungen miteinander verknüpft?

Schluss
- ✔ Wird der Text auf geeignete Weise inhaltlich und sprachlich abgerundet, z. B. durch ein Fazit oder einen Lösungsansatz (Kompromiss)?

Äußere Form
- ✔ Sind Einleitung, Hauptteil und Schlussteil durch Absätze gegliedert?
- ✔ Sind Fremdmeinungen als solche gekennzeichnet (z. B. durch indirekte Rede)?
- ✔ Ist die Stellungnahme sachlich und im Präsens geschrieben?

KAPITEL 2

Eine Stellungnahme auf der Grundlage eines Sachtextes schreiben

Teil 1: Schritt für Schritt

Die Aufgabe

- Fassen Sie die Hauptaussagen des Textes „Die Zukunft des Bargelds – Cash me if you can“ zusammen.
- „Elektronische Bezahlverfahren sind auf dem Vormarsch und die Nutzung von Bargeld geht in vielen Ländern zurück. Sollte man in Deutschland Bargeld komplett verbieten?“ Nehmen Sie Stellung zu dieser Frage.
  Beziehen Sie die Aussagen des Textes mit ein.

Christian Blees: Die Zukunft des Bargelds – Cash me if you can[1] (2020)

Weltweit ist bargeldloses Bezahlen auf dem Vormarsch. In London etwa akzeptieren sogar Bettler und Straßenmusiker Kreditkarten. Nur die Deutschen hängen an ihrem Bargeld. Sind wir hoffnungslose Nostalgiker[2] oder hat das Bargeld doch eine Zukunft?

London, im Stadtteil Covent Garden[3], kurz vor zehn Uhr morgens. Vor der Filiale einer großen Kaffeehaus-Kette steht Paul und wartet auf Kundschaft. Zu Jeans, schwarzen Turnschuhen und beigem Pullover trägt der 40-Jährige eine signalrote Weste mit der Aufschrift „BIG ISSUE FOUNDATION“[4]. Diese identifiziert ihn schon von weitem als Verkäufer des Straßenmagazins „Big Issue“. Das Besondere an Paul ist aber nicht nur das auffällige Kleidungsstück. Er gehört außerdem zu einer ausgewählten Gruppe von Händlern, die […] an einem speziellen Pilotprojekt[5] teilnehmen.

„Die Leute von der Big-Issue-Organisation haben Verkäufer gesucht, die ihren Kunden das Bezahlen mit Kreditkarte ermöglichen wollen“, erklärt er. „Ich dachte: ‚Klar, warum nicht?‘ Und es hilft wirklich. Hier in der Gegend gibt es eine Menge Menschen, die kein Bargeld dabeihaben. Denen kann ich jetzt sagen: ‚Boom – geht auch ohne Bargeld.‘“ Paul hat dazu von der Obdachlosenorganisation ein Kreditkarten-Lesegerät bekommen. Es ähnelt optisch einem gewöhnlichen Taschenrechner. Über das Internet ist der Kartenleser mit Pauls Smartphone verbunden. Der Verkäufer nutzt dafür das kostenlose WLAN des Coffeeshops[6], vor dem er sich tagtäglich postiert: […]

Dass Paul seine Straßenmagazine per Kreditkarte verkauft, folgt einem allgemeinen Trend in Großbritannien. Denn die britische Hauptstadt fungiert[7] als Vorbild auf dem Weg in eine komplett bargeldlose Gesellschaft. […] Rund fünf Kilometer östlich von jenem Coffeeshop, vor dem Paul täglich seine Straßenmagazine verkauft, befindet sich der Aldgate Tower[8]. Im fünften Stock des gläsernen Büroturms residiert[9] „Fairer Finance“. Die Verbraucherorganisation setzt sich für die Rechte von Kunden bei Bank- und Finanzdienstleistungen ein.

1 Cash me if you can: *etwa* Zahl bar, wenn du kannst
2 der Nostalgiker: jemand, der sich nach der Vergangenheit sehnt
3 der Covent Garden: ein Stadtteil in London, der für Kultur und Vergnügen bekannt ist
4 die „Big Issue Foundation“: eine Organisation, die sich um Obdachlose kümmert und auch das Straßenmagazin „The Big Issue“ (Das große Thema) herausbringt
5 das Pilotprojekt: ein Projekt, das etwas Neuartiges ausprobiert
6 der Coffeeshop: das Café
7 fungieren: eine bestimmte Aufgabe haben
8 der Aldgate Tower: ein Hochhaus mit hochwertig ausgestatteten Büros
9 residieren: *hier* ein schickes Büro haben

„Der Gebrauch von Bargeld in Großbritannien ist sehr stark zurückgegangen – in den vergangenen zehn Jahren um mehr als die Hälfte“, sagt Geschäftsführer James Daley. „Damals fanden im Schnitt noch sechs von zehn Zahlungen in bar statt, jetzt sind es noch nicht einmal drei von zehn. Daraus lässt sich schon ersehen, dass die Bargeldnutzung in den nächsten zehn Jahren auf einen noch viel tieferen Stand absinken wird.“

Daley war an einer Untersuchung beteiligt, die diesen Sommer für erhebliches Aufsehen sorgte. Anlass war eine landesweite Entwicklung, die seit ein paar Jahren scheinbar unaufhaltsam voranschreitet – nämlich die verstärkte Schließung von Bankfilialen sowie das immer weiter um sich greifende Abschaffen von Bargeld-Automaten. Auftraggeber der Untersuchung war eine Vereinigung britischer Geldautomaten-Betreiber.

„Der Rückgang der Bargeldnutzung stellt die Geldautomaten-Betreiber vor das Problem, die Infrastruktur[10] für das gesamte System überhaupt noch wirtschaftlich betreiben und aufrecht erhalten zu können – vor allem in ländlichen Gebieten“, so Daley.

„Es zeichnete sich ab, dass die Banken das Abheben von Bargeld am Automaten auf Dauer nicht mehr kostenlos würden anbieten können – so wie es heute noch üblich ist. Diese Gebühren treffen vor allem Menschen mit geringem Einkommen, Ältere und generell alle, die keinen Zugang zu digitalen Bezahlformen haben.“ […]

Im Zuge ihrer Untersuchung reisten die Studienautoren auch nach Schweden, das weltweit als Vorreiter einer bargeldlosen Gesellschaft gilt. Wenn es nach dem Willen der dortigen Banken geht, dann wird es in dem Land spätestens 2030 überhaupt kein Bargeld mehr geben. […]

In Großbritannien und Schweden ist das Bargeld also bereits in großem Maß auf dem Rückzug. Erwartet uns in Deutschland ein ähnliches Szenario[11]? Sind auch wir auf dem Weg in eine bargeldlose Zukunft?

„Wenn wir uns den Bargeld-Umlauf anschauen, dann stellen wir ja fest, dass er jedes Jahr etwa um sechs bis sieben Prozent steigt. Wenn wir diese Steigerungszahlen sehen, dann macht es eigentlich relativ wenig Sinn, über das Ende des Bargelds nachzudenken“, sagt Stefan Hardt, Leiter des Zentralbereichs Bargeld bei der Deutschen Bundesbank.

„Bargeld hat Vorteile, die aus Sicht der Verbraucher sehr überzeugend sind. Kein anderes Zahlungsmittel vereint alle diese Vorteile – eben, dass man es schnell einsetzen kann, dass es sicher ist, dass es sehr einfach zu handhaben ist, dass niemand ausgeschlossen wird. Vor allem aber auch, dass die informelle Selbstbestimmung[12] gewährleistet ist. Das sind die Vorteile, die die Bürger sehen. Und deswegen sind wir davon überzeugt, dass die Bürger zumindest auch in einem gewissen Umfang weiterhin Bargeld verwenden werden.“ […]

Dass Verbraucher hierzulande vergleichsweise stark am Bargeld hängen, belegt eine repräsentative, europaweite Umfrage vom Februar dieses Jahres im Auftrag der Direktbank ING-DiBa. Darin heißt es unter anderem:

„Mit ihrem Hang zum Bargeld beschreiten die Deutschen einen Sonderweg im europäischen Vergleich. Wie in keinem anderen großen Industrieland lieben die Verbraucher hierzulande ihre Münzen und Scheine. Bei alltäglichen Ausgaben […] liegen die Deutschen mit ihrer Bargeldnutzung meist weit über dem Durchschnitt.“

Für Bargeld-Anhänger mag dies beruhigend klingen. Doch die Umfrage lässt gleichzeitig erahnen, dass der Trend in eine andere Richtung weist. Zum Ausdruck kommt dies bereits in der Überschrift der Studie. Sie lautet: „Der Abschied vom Bargeld kommt auf leisen Sohlen“. […]

www.deutschlandfunkkultur.de, Beitrag Zeitfragen vom 04.08.2020

10 die Infrastruktur: *hier* die Gesamtheit der Geldautomaten, die eine Versorgung der Bevölkerung mit Bargeld sicherstellen

11 das Szenario: *hier* die Abfolge von möglichen Ereignissen

12 die informelle Selbstbestimmung: *hier* das Recht des Einzelnen, über das Sammeln und Weitergeben der Daten zum persönlichen Einkaufsverhalten selbst zu bestimmen

Diese Kompetenzen sind gefragt

Kreuzen Sie an, wie Sie sich einschätzen.

Kompetenzen	Das kann ich sehr gut	Das kann ich	Das kann ich teilweise	Das trainiere ich
einen Sachtext in eigenen Worten wiedergeben				
– Inhalte knapp in eigenen Worten wiedergeben				
– Inhalte sachlich und objektiv zusammenfassen				
– die Position der Autorin / des Autors herausarbeiten				
– im Präsens schreiben				
– die Aussagen der Autorin / des Autors kenntlich machen (durch indirekte Rede, Zitate)				
zu den Hauptaussagen eines Textes Stellung nehmen				
– Sachaussagen und Wertungen unterscheiden				
– Strategien der Autorin / des Autors erkennen und verstehen				
– eine eigene Position entwickeln				
– zu den Argumenten des Textes Stellung nehmen				
– eigene Argumente anführen				
– eigene Argumente durch Vergleiche, Fakten oder Beispiele stützen				
– den eigenen Text durch ein geeignetes Fazit abrunden				
die Ausarbeitung im Hinblick auf sprachliche Richtigkeit überarbeiten				

Notizen: ____________________

____

____

____

Das Thema und das Material erschließen

1 *Lesen Sie den Text „Die Zukunft des Bargelds – Cash me if you can“ mithilfe einer geeigneten Lesemethode. Nutzen Sie dazu die Hinweise zur Lesekarte von Seite 6.*

2 *Überprüfen Sie, welche der folgenden Aussagen sich aus dem Text ableiten lassen.*

a) Kreuzen Sie in der folgenden Tabelle die passende Spalte an: r = richtig bzw. f = falsch. Geben Sie die Zeile(n) an, auf die sich die Textaussagen beziehen.

b) Begründen Sie bei den falschen Aussagen, warum diese fehlerhaft sind. Nutzen Sie dafür die letzte Spalte.

Aussagen aus dem Text	r	f	Zeile(n)	Die Aussage stimmt nicht, weil ...
Paul ist Verkäufer in einem Coffeeshop und verkauft dort das Straßenmagazin „The Big Issue“.				
Das Abheben von Bargeld kostet in Großbritannien Geld. Viele Menschen leiden darunter.				
In Deutschland zeigt sich ähnlich wie in Großbritannien und Schweden der Trend, dass immer seltener mit Bargeld bezahlt wird.				
Die Deutschen sehen in der Nutzung von Bargeld einige Vorteile.				
Eine Umfrage zeigt, dass auch in Deutschland über kurz oder lang immer seltener mit Bargeld bezahlt werden wird.				

3 *Analysieren Sie den Aufbau und den Inhalt des Textes.*

a) Unterteilen Sie den Text in Sinnabschnitte und finden Sie für jeden Abschnitt eine passende Überschrift.

b) Geben Sie den Inhalt der Sinnabschnitte in eigenen Worten wieder.

4 *Notieren Sie in der Tabelle, welche Argumente für und welche gegen die Abschaffung des Bargelds im Text genannt werden.*

Für die Abschaffung des Bargelds spricht, dass ...	Gegen die Abschaffung des Bargelds spricht, dass ...

5 *Zu welchem Fazit kommt der Text, was das bargeldlose Zahlen in Deutschland in der Zukunft betrifft? Formulieren Sie in eigenen Worten.*

Sich eine Meinung bilden

1 *Hinterfragen Sie Ihre Alltagsgewohnheiten in Bezug auf bargeldloses Zahlen.*

a) Notieren Sie in Stichworten, welche bargeldlosen Bezahlmethoden Sie kennen und/oder nutzen.

b) Notieren Sie, welche Vor- oder Nachteile das bargeldlose Zahlen für Sie hat.

c) In welchen Situationen oder bei welchen Aktivitäten könnten Sie sich nicht vorstellen, auf das Bezahlen in bar zu verzichten? Schreiben Sie Stichworte auf.

2 ***Versetzen Sie sich in andere Personen und betrachten Sie das Thema aus deren Blickwinkel. Wie könnten die folgenden Personen auf die Nachricht reagieren, dass das Bezahlen mit Bargeld in Deutschland bald ganz abgeschafft werden soll? Tragen Sie die mögliche Reaktion in der direkten Rede in die Sprechblasen ein.***

A: Diese ältere Dame wohnt allein. Sie hat keinen Internetanschluss.

B: Dieser Schüler einer Berufsfachschule bessert sein Taschengeld nebenher mit Kellnern auf.

C: Diese Kriminalbeamtin arbeitet im Bereich der Wirtschaftskriminalität.

D: Auf dem Schulweg kaufen viele Kinder bei diesen Kioskbetreibern Sammelkarten oder Süßigkeiten ein.

E: Wer könnte noch eine begründete Meinung zur Abschaffung des Bargelds haben? Wählen Sie selbst eine weitere Person aus.

?

3 ***Fassen Sie die Ergebnisse aus den Aufgaben 1 und 2 zusammen.***

a) Welche Argumente sind für oder gegen die Abschaffung von Bargeld hinzugekommen? Ergänzen Sie Ihre Pro- und Kontra-Liste von Aufgabe 4 auf Seite 23 hier um weitere Argumente.

Für die Abschaffung des Bargelds spricht, dass ...	Gegen die Abschaffung des Bargelds spricht, dass ...

b) Entscheiden Sie sich, ob Sie für oder gegen die Abschaffung von Bargeld sind.

Zu den Argumenten des Textes Stellung nehmen

1 *Nachdem Sie sich eine eigene Meinung gebildet haben, können Sie zu den Argumenten des Textes Stellung nehmen. Stützen Sie Ihre Bewertung der Argumente mit passenden Beispielen oder Beobachtungen in der folgenden Tabelle. Nutzen Sie dazu auch* GUT ZU WISSEN *„Sich zu einem Text positionieren" von Seite 27.*

Diesen Argumenten stimme ich **vollständig** zu:	Ich habe folgende Erfahrungen und/oder Beobachtungen gemacht, die diese Argumente stützen:

Diesen Argumenten stimme ich nur **teilweise** zu:	Ich habe folgende Erfahrungen und/oder Beobachtungen gemacht, die diese Argumente teilweise widerlegen:

Diesen Argumenten stimme ich **nicht** zu:	Ich habe folgende Erfahrungen und/oder Beobachtungen gemacht, die vollständig gegen diese Argumente sprechen:

GUT ZU WISSEN | **Sich zu einem Text positionieren**

Es gibt verschiedene Möglichkeiten, sich zu einem Text zu positionieren. Man kann ...
- der Autorin / dem Autor **ganz zustimmen**. In diesem Fall sollte man weitere Argumente formulieren oder Beispiele finden, die diese Position stützen.
- der Autorin / dem Autor **eingeschränkt zustimmen**. Möglicherweise stimmt man der Hauptthese zu, kann jedoch bestimmte Aspekte / Argumente nicht vertreten.
- eine andere, **gegensätzliche Position vertreten**. In diesem Fall sollte man Argumente oder Beispiele finden, die diese Position stützen.

Die textgebundene Stellungnahme schreiben

1 *Untersuchen Sie die folgende fehlerhafte Einleitung.*

a) Unterstreichen Sie die Stellen, die unvollständig oder fehlerhaft sind.

b) Notieren Sie stichpunktartig, worin der Fehler jeweils besteht.

Fehlerhafte Einleitung einer Stellungnahme	Diese Fehler enthält das Beispiel:
In der Kurzgeschichte „Die Zukunft des Bargelds – Cash me if you can“, die kürzlich im Internet veröffentlicht wurde, schreibt der Autor darüber, dass es in London einen Mann gibt, der bargeldlos Straßenzeitschriften verkauft.	

2 *Verfassen Sie eine Einleitung für Ihre eigene Stellungnahme. Orientieren Sie sich dabei an* GUT ZU WISSEN *„Eine textgebundene Stellungnahme schreiben“ von Seite 32.*

3 *Es gibt verschiedene Möglichkeiten, wie Sie in Ihrer Textwiedergabe zeigen können, dass Sie sich auf eine Fremdaussage beziehen. Finden Sie zu jeder Spalte weitere Beispiele.*

Zitatverb	Zitatnomen	Präposition	Indirekte Rede (Konjunktiv)
Der Autor stellt fest, dass ...	Die Erkenntnis, dass ...	Der Studie zufolge ...	Paul sagt, die Leute ... hätten Verkäufer gesucht.

4 *Formulieren Sie die Fremdaussagen in der linken Tabellenspalte so um, dass für den Leser oder die Leserin Ihres Textes ersichtlich wird, dass es sich nicht um Ihre Meinung handelt. Nutzen Sie dafür entweder ein Zitatverb oder Zitatnomen oder eine Präposition oder formulieren Sie die Aussage in der indirekten Rede.*

Fremdaussage aus dem Text	Umformulierung durch ...	neue Formulierung
„Der Gebrauch von Bargeld in Großbritannien ist sehr stark zurückgegangen [...].“ (Z. 28)	indirekte Rede	

Fremdaussage aus dem Text	Umformulierung durch ...	neue Formulierung
„Daraus lässt sich schon ersehen, dass die Bargeldnutzung in den nächsten zehn Jahren auf einen noch viel tieferen Stand absinken wird.“ (Z. 31–32)	Zitatverb	
Diese Gebühren treffen vor allem Menschen mit geringem Einkommen [...].“ (Z. 45)	Präposition	
„Bargeld hat Vorteile, die aus Sicht der Verbraucher sehr überzeugend sind.“ (Z. 58)	indirekte Rede	
„Der Abschied vom Bargeld kommt auf leisen Sohlen.“ (Z. 74–75)	indirekte Rede	

5 *Untersuchen Sie die beiden Beispiele für die Einleitung der Textwiedergabe. Begründen Sie, welches Beispiel besser gelungen ist.*

Beispiel 1: Der 40-jährige Paul, der mit Jeans, Turnschuhen und beigem Oberteil für einen Obdachlosen ungewöhnlich modisch gekleidet ist, verkauft in London bargeldlos Straßenzeitungen. Menschen, die kein Bargeld dabeihaben, haben jetzt keine Ausrede mehr. Er kann zu ihnen sagen: „Boom – geht auch ohne Bargeld.“

Beispiel 2: Am Beispiel eines Obdachlosen, der in London bargeldlos seine Straßenzeitungen verkauft, macht der Autor des Textes deutlich, dass es in vielen Bereichen des Lebens möglich ist, bargeldlos zu bezahlen, auch wenn man das nicht vermutet hätte.

6 *Schreiben Sie eine vollständige Textzusammenfassung zum Text „Die Zukunft des Bargelds – Cash me if you can" auf ein gesondertes Blatt.*

7 *Bewerten Sie die folgenden Beispiele aus dem Hauptteil einer Stellungnahme zum Text „Die Zukunft des Bargelds – Cash me if you can".*

a) Begründen Sie, welche der folgenden Aussagen gelungen und welche fehlerhaft sind.

b) Verbessern oder ergänzen Sie die Aussagen. Greifen Sie dazu auf Ihre Ergebnisse zu den Aufgaben 1 bis 3 des Teilkapitels „Sich eine Meinung bilden" von Seite 23 bis 25 zurück.

A: „In meinen Augen ist es absoluter Schwachsinn, in allen Lebensbereichen auf Bargeld zu verzichten. Es ist ja schön, dass dieser Paul in London kostenfreies WLAN hat, so gut geht es aber nicht jedem Obdachlosen."

B: „Dem Argument, dass viele Personen Nachteile hätten, wenn es kein Bargeld mehr gäbe, kann ich nicht zustimmen. Sollen sich die Leute halt mal mit Onlinebanking beschäftigen, so schwer ist das auch nicht."

C: „Dass Bargeld sehr viele Vorteile im Vergleich zu elektronischen Bezahlmethoden hat, ist meines Erachtens nur teilweise richtig. Zumindest ist das meine Erfahrung."

D: „Dem Argument, dass auch in Deutschland elektronisches Bezahlen im Vormarsch ist, kann ich nicht zustimmen. Woher will der Autor des Textes das denn wissen?“

____

____

____

____

____

8 ***Schreiben Sie den Hauptteil Ihrer Stellungnahme zu dem Sachtext auf ein gesondertes Blatt.***

9 ***Wenn es darum geht, Bargeld abzuschaffen und nur noch elektronisch zu bezahlen, wird immer wieder Kritik laut. Lesen Sie die Meinungen dazu in den Sprechblasen und überlegen Sie für Ihren Schlussteil eine Entgegnung dazu.***

Alte und ärmere Menschen wären benachteiligt, wenn man nicht mehr bar bezahlen könnte.

Jede Bezahlung könnte nachverfolgt und die Daten missbraucht werden. Es geht niemanden etwas an, was ich wann und wo kaufe.

a) Antworten Sie diesen kritischen Stimmen, indem Sie einen Kompromiss vorschlagen. Notieren Sie hier in Stichworten Ihre Idee.

____

____

b) Schreiben Sie anschließend für Ihre Stellungnahme einen geeigneten Schlussteil.

____

____

____

____

____

____

____

GUT ZU WISSEN | **Eine textgebundene Stellungnahme schreiben**

Es ist wichtig, dass Sie Ihren Aufsatz gut gliedern, damit er überzeugend ist. Sie beginnen mit einer **Einleitung**, die das Interesse der Leserin / des Lesers weckt. Das kann Ihnen auf unterschiedliche Art und Weise gelingen. Sie können entweder darlegen, weshalb das Thema für Sie in Ihrer Lebenssituation wichtig ist, oder Sie erklären, weshalb es für die ganze Gesellschaft von Bedeutung ist oder in Zukunft werden könnte.

Geben Sie danach an,
- wer den Text, zu dem Sie Stellung nehmen, geschrieben hat **(Autor/in)**,
- welchen **Titel** er trägt,
- um welche **Textsorte** es sich handelt,
- wann und wo er erschienen ist **(Quelle)** und vor allem
- mit welchem **Thema** sich der Text beschäftigt.
- Ihre Einleitung endet mit einer kurzen Überleitung zum **Hauptteil.**

Damit die Leserin / der Leser Ihrer Stellungnahme folgen kann, muss sie/er wissen, was in dem journalistischen Text steht. Sie müssen also zunächst eine kurze **Textzusammenfassung** schreiben. Dabei geben Sie den Inhalt knapp und in eigenen Worten wieder. Verzichten Sie in diesem Teil darauf, Ihre Meinung zu sagen, die Textwiedergabe muss objektiv sein. Achten Sie darauf, im Präsens zu schreiben und sprachlich kenntlich zu machen, dass Sie die Meinung einer anderen Person wiedergeben (indirekte Rede).

Erst danach folgt das eigentliche Kernstück Ihres Aufsatzes, die **Stellungnahme zu den Argumenten des Textes**. Zunächst müssen Sie die Position der Autorin / des Autors deutlich machen und danach begründen, ob Sie diesen Argumenten vollständig, teilweise oder gar nicht zustimmen. Achten Sie darauf, Ihre Meinung immer zu erläutern und durch Beispiele zu stützen.

Im **Schlussteil** runden Sie Ihren Text ab. Das kann durch ein Fazit oder einen Bezug zur Einleitung geschehen. Vielleicht können Sie bei einem kontroversen Thema einen Lösungsansatz – etwa einen Kompromiss – aufzeigen.

Den Aufsatz überarbeiten

Überprüfen und überarbeiten Sie Ihren Aufsatz.
Beachten Sie dabei den Schreibplan und den „Check: Textrevision“ auf der hinteren Umschlaginnenseite.
Berücksichtigen Sie auch das Kapitel „Extra: Richtig schreiben“ ab Seite 75.

So schätze ich mich jetzt ein

Füllen Sie den Kompetenzcheck dieses Kapitels erneut aus. Können Sie Veränderungen im Vergleich zum letzten Mal feststellen?

Teil 2: Vertiefen und üben

Die Aufgabe

- Fassen Sie die Hauptaussagen des Textes „Hört auf, euch selbst zu optimieren!“ zusammen.
- Immer mehr Menschen streben danach, die beste Version von sich selbst zu werden. Dafür treiben sie Sport und präsentieren sich in möglichst allen Lebensbereichen von ihrer besten Seite. Doch macht dieses Streben nach Perfektion tatsächlich glücklich? Nehmen Sie Stellung zu dieser Frage.
  Beziehen Sie die Aussagen des Textes „Hört auf, euch selbst zu optimieren!“ mit ein.

Matthias Rutkowski: Hört auf, euch selbst zu optimieren! (2020)

Höher, weiter, besser – beruflich und privat akzeptieren wir kaum noch Grenzen. Jeder optimiert[1] sich selbst, wo es nur geht. Doch genau das ist ein Fehler. In fast allen Lebensbereichen sind wir bemüht, uns zu verbessern. Schlank durch Ernährungs- und Fitnesstraining, gedankenschnell dank Vitaminpräparat[2], erfolgreich im Job durch digital überwachtes Zeitmanagement – die Varianten der individuellen Steigerungsmöglichkeiten sind groß. Dieser Trend heißt Selbstoptimierung. Gut zu sein reicht in der modernen Gesellschaft schon lange nicht mehr aus. Das Ziel ist es, besser zu sein. Dabei muss die Antwort auf diesen Optimierungswahn lauten: Es gibt Grenzen, akzeptiert sie!

Auf Facebook oder Instagram präsentieren wir uns mit unseren Urlaubs- oder Partyfotos, lässigen Sprüchen oder geistreichen Wortbeiträgen. [...] Körperlich akzeptieren wir unsere Grenzen auch nicht mehr. Ein Jahresabo im Fitnessstudio gehört zur Normalausstattung auf dem Weg zur Bikinifigur oder zum durchtrainierten Muskelpaket. Ein Triathlon[3] mit 40 ist Pflicht und das Matterhorn[4] im Alter von 50 Jahren zu besteigen auch. Schließlich überwachen uns digitale Geräte und zeigen ständigen körperlichen Verbesserungsbedarf an.

1 optimieren: vervollkommnen
2 das Vitaminpräparat: ein Arzneimittel mit Vitaminen
3 der Triathlon: ein Wettkampf über lange Strecken im Schwimmen, Radfahren und Laufen
4 das Matterhorn: ein Berg in den Alpen

Dass der Körper aber mit zunehmendem Alter an seine Grenzen stößt und nicht in jedem ein Olympiaathlet steckt, blenden wir aus. Schlimmer noch: Misserfolge erzeugen noch mehr Druck. So machen wir uns unglücklicher, provozieren Selbstzweifel und verfehlen das Ziel, das wir erreichen wollten. [...] Dabei belegen diverse[5] Studien, dass Menschen nicht unbedingt glücklicher werden, wenn sie es beruflich oder gesellschaftlich an die Spitze schaffen. Sie sind eher zufrieden, wenn sie mit sich selbst im Rahmen ihres eigenen Potenzials[6] und Könnens in Einklang leben. „Selber denken statt selbst optimieren" sollte unser Leitsatz lauten. [...]

Außerdem kann Glück nicht optimiert werden. Ist jemand, der sonntagsnachmittags einen Halbmarathon läuft, zufriedener als jemand, der zur selben Zeit auf der Couch liegt und seine Lieblingsserie schaut? Ist ein Investmentbanker[7] mit Millionenbonus[8] glücklicher als ein Bergführer, der seine Gäste sicher zum Gipfel bringt? [...]

Und bei allen Verbesserungsoptionen vergessen wir, dass Gelassenheit, Spontanität und Kreativität nicht optimiert werden können. [...] Wer aber ständig mehr von sich verlangt, als er ohne zusätzliche Hilfsmittel leisten kann, tritt sein Selbstwertgefühl mit Füßen und gibt seine Selbstbestimmung auf. [...]

Handelsblatt vom 4.4.2020

5 diverse: verschiedene, einige

6 das Potenzial: die Gesamtheit aller vorhandenen Fähigkeiten oder Möglichkeiten

7 der Investmentbanker: ein Bankfachmann, der sich mit dem gewinnbringenden Anlegen von Geld auskennt

8 der Millionenbonus: eine Sondervergütung in Millionenhöhe

Notizen:

KAPITEL 3

Eine Kurzgeschichte zusammenfassen und interpretieren

Teil 1: Schritt für Schritt

Die Aufgabe

- Verfassen Sie eine Inhaltsangabe.
- Interpretieren Sie den Text.

Jörn Birkholz: Die Sonne, die uns täuscht (2019)

„Warum müssen wir auch hier ganz hinten sitzen?“, murrte er vor sich hin. „Ist doch egal“, entgegnete sie. „Nein, ist es nicht! Hinten bekommt man entweder sofort die Getränke, wenn man noch gar keinen Durst hat, oder erst zum Schluss, wenn sich die Maschine schon fast im Sinkflug[1] befindet. Ist doch Mist sowas!“ „Nun lass doch“, versuchte sie ihn zu besänftigen[2], „es war doch schön, Schatz, oder?“ „Ja, ja.“ „Ich hatte es dir gesagt, Spanien um diese Jahreszeit ist herrlich.“ „Ja, war in Ordnung.“ Sie betrachtete ihn von der Seite. Sie liebte sein Gesicht, besonders im Profil[3]. Er war ein wirklich attraktiver Mann. Manchmal konnte sie es kaum glauben, dass er damals sie erwählt hatte. Immer noch traute sie dem Frieden nicht ganz, obwohl sie mittlerweile schon dreieinhalb Jahre zusammen waren, und was noch viel wichtiger war, jetzt bereits seit einem Jahr zusammenwohnten. „Mann, sind wir bald mal auf Reiseflughöhe, ich will die blöden Gurte abmachen!“, nörgelte[4] er. „Ist bestimmt gleich soweit“, sagte sie und küsste ihn überstürzt auf die Wange. „Was soll das?“ „Nichts Schatz, mir war nur danach … Ach, war das nicht schön in Barcelona?“ „Ja, ja.“ Er betrachtete jetzt sie von der Seite. Hübsch war sie, das konnte man nicht anders sagen, trotz ihrer knapp vierzig und lieb dazu, was heutzutage gar nicht mehr so häufig vorkam. Überall nur diese scheiß Karriereweiber. Ein bisschen tat es ihm leid, sie zu verlassen, aber Veronika hatte darauf bestanden. Es war ohnehin schon schwer genug gewesen, ihr zu erklären, dass er übers Wochenende mit Marie nach Spanien fliegen würde. Wenn du danach nicht Schluss machst, ist es aus, hatte Veronika gedroht. Er wusste ganz genau, sie würde ihre Drohung wahrmachen, wenn er sich nicht dran hielt, Veronika war nicht der Typ, der bluffte[5], soviel war mal sicher. Er löste den Sicherheitsgurt. „Sind wir schon oben?“, fragte Marie, der dies nicht entgangen war. „Denk schon, du kannst deinen Gurt auch ruhig aufmachen.“ „Wenn du meinst.“ Also löste auch sie ihren Gurt. Sie hatte es sich fest vorgenommen, ihn in Spanien mit der freudigen Nachricht zu überraschen, aber irgendwie hatte sich die richtige Gelegenheit nicht ergeben. In Barcelona gab es auch so viel zu sehen. Eine herrliche Stadt, vielleicht könnte man irgendwann mal dort leben – ein Traum wäre das. Sobald sie zuhause angekommen waren, würde sie es ihm erzählen. Auch wenn sie bis jetzt über Kinder noch nie groß gesprochen hatten, aber sie spürte von ganzem Herzen, dass er welche wollte. Sie war ja auch schon neununddreißig, es wurde ohnehin langsam Zeit. Wie herrlich er immer mit der kleinen Mona von ihrer Schwester spielte. Auch wenn Veronikas Mann sie kurz nach der Geburt von Mona verlassen hatte, hatte sie das wirklich toll alleine hinbekommen mit der Mona. Ja, Veronika kam sehr gut auch ohne Mann klar, ganz

1 der Sinkflug: die Verringerung der Flughöhe bei einer Landung
2 besänftigen: beruhigen
3 das Profil: die Seitenansicht des Gesichts
4 nörgeln: sich wegen Unzufriedenheit über etwas beschweren
5 bluffen: jemanden bewusst täuschen

im Gegensatz zu ihr. Sie brauchte einen Partner, hatte sie schon immer gebraucht. Und mit ihm hatte sie den Richtigen gefunden. Die Mona – ein so hübsches und aufgewecktes Kind. Aber unser Kind wird auch etwas ganz Besonderes werden, das spürte sie. Ihr Herz klopfte aufgeregt und sie geriet ins Schwärmen. „Was hast du? Ist irgendwas?", fragte er skeptisch. „Ach, nichts", entgegnete sie lächelnd, ergriff seine Hand und lehnte sich an ihn an. „Können die Kinder da vorne nicht mal ruhig sein, warum mussten wir auch einen Flug mit so vielen Kindern erwischen?" „Ist doch egal", hauchte sie und küsste ihn erneut auf seine Wange, die sie so liebte. Sie fühlte sich unbeschwert und war glücklich, wirklich glücklich. „Wow, ein Luftloch!", bemerkte er. „Brauchst du 'nen Kaugummi, Schatz?" „Ne, geht schon. Mann, der geht aber ganz schön heftig runter!" „Ich leg den Gurt glaube ich mal lieber wieder an." „Ich denke zwar nicht, dass das nötig ist, aber mach nur." Sie schaute aus dem Fenster. Ein herrliches Wetter. Dann lehnte sie sich zurück und schloss für einen Moment die Augen. Nur einen Augenblick später bemerkte sie, dass er sich hektisch über sie beugte, um aus dem Fenster zu sehen. „Der geht ja immer weiter runter!", rief er aus. Sie öffnete die Augen. Ihr Ohrendruck nahm deutlich zu. „Was ist denn da vorne beim Cockpit für ein Lärm?", wunderte sie sich. Er blickte kurz auf in Richtung Cockpit und sofort wieder aus dem Fenster. Jetzt schaute sie heraus. „Mein Gott, die Alpen so nah!" Dann sah sie nur noch sein bleiches Gesicht, aus dem all die Bräune, die er in Spanien bekommen hatte, gewichen zu sein schien.

Diese Kompetenzen sind gefragt

Kreuzen Sie an, wie Sie sich einschätzen.

Kompetenzen	Das kann ich sehr gut	Das kann ich	Das kann ich teilweise	Das trainiere ich
eine Inhaltsangabe zu einem literarischen Text schreiben				
– eine Einleitung mit den Angaben zu Textsorte, Titel, Autor/-in und Thema verfassen				
– die wesentlichen Handlungsschritte in einer logisch zeitlichen Reihenfolge wiedergeben				
– sachlich-informierend schreiben, ohne eine eigene Meinung zu äußern				
– direkte Rede in indirekter Rede wiedergeben				
– im Präsens formulieren				
eine Figur charakterisieren				
– das Aussehen und die Lebensumstände der Figur beschreiben				
– ihre Einstellungen und Gefühle analysieren				
– das Handeln der Figur deuten				

Kompetenzen	Das kann ich sehr gut	Das kann ich	Das kann ich teilweise	Das trainiere ich
– die Beziehungen der Figuren zueinander erkennen				
– die Gespräche zwischen den Figuren untersuchen				
– die Aussage des Textes erkennen und für die Interpretation verwenden				
– Interpretationsergebnisse mit Zitaten aus dem Text belegen				
– im Präsens formulieren				
die formale und sprachliche Gestaltung analysieren				
– den Aufbau eines Textes analysieren und dessen Bedeutung für den Inhalt erklären				
– die sprachliche und erzähltechnische Gestaltung (Satzbau, Wortwahl, sprachliche Mittel, Erzählperspektive) beschreiben und deren Bedeutung für den Inhalt erklären				
– die Überschrift deuten				
einen Schluss verfassen				
– persönliche Gedanken zum Text (Wertung, Gefühle) äußern				
– einen Aktualitätsbezug herstellen				
die Ausarbeitung übersichtlich strukturieren				
– durch Absätze gliedern				
– sinnvolle Übergänge zwischen den einzelnen Teilen formulieren				
die Ausarbeitung im Hinblick auf sprachliche Richtigkeit überarbeiten				

Die Inhaltsangabe vorbereiten

1 *Lesen Sie den Text mithilfe einer Lesetechnik. Nutzen Sie die Hinweise zur Lesekarte von Seite 6. Wie ist Ihr erster Leseeindruck? Notieren und begründen Sie, indem Sie folgenden Satz vervollständigen: „Der Text wirkt auf mich [...], da [...].“*

____

____

2 *Markieren Sie im Text alle für das Verständnis wichtigen Aussagen.*

3 *Beantworten Sie die folgenden W-Fragen zum Text:*

Wo und wann findet das Geschehen statt?

____

Wer handelt in der Geschichte?

Was geschieht in dieser Geschichte?

Welche möglichen Gründe gibt es für das Verhalten der Figuren?

4 *Teilen Sie den Text in sinnvolle Abschnitte ein und notieren Sie die jeweiligen Zeilenangaben. Suchen Sie für jeden Abschnitt eine passende Überschrift.*

5 *Kreuzen Sie für jede Aussage in der Tabelle die richtige Spalte an (ja = stimmt oder nein = stimmt nicht). Notieren Sie für die richtigen Aussagen die entsprechenden Textbelege.*

Das Paar ...	ja	nein	Zeile
befindet sich auf dem Rückflug aus seinen Flitterwochen.			
ist seit dreieinhalb Jahren zusammen.			
wohnt in getrennten Wohnungen.			
erwartet ein Kind.			
Die männliche Hauptfigur (der Protagonist) ...			
betrügt seine Freundin.			

Die männliche Hauptfigur (der Protagonist) ...	ja	nein	Zeile
ist der Vater von Mona.			
hat eine Affäre mit Veronika.			
will sich nicht von Marie trennen.			
Marie ...			
ist neununddreißig Jahr alt.			
findet den Protagonisten unattraktiv.			
ist verliebt.			
hat Geheimnisse vor dem Protagonisten.			
Veronika ...			
ist die Schwester von Marie.			
hat eine kleine Tochter.			
ist glücklich verheiratet.			
droht damit, die Beziehung zum Protagonisten zu beenden.			

6 ***Setzen Sie sich mit folgenden Zitaten aus dem Text auseinander, indem Sie die Aussagen erläutern.***

A: „Immer noch traute sie dem Frieden nicht ganz, obwohl sie mittlerweile schon dreieinhalb Jahre zusammen waren, und was noch viel wichtiger war, jetzt bereits seit einem Jahr zusammenwohnten." (Z. 9–11)

___

___

___

B: „Mein Gott, die Alpen so nah!" (Z. 52)

___

___

___

Die Inhaltsangabe schreiben

1 ***Verfassen Sie zunächst einen Schreibplan auf einem gesonderten Blatt. Nutzen Sie dazu den Schreibplan und den „Check: Textrevision" auf der hinteren Umschlaginnenseite.***

2 *Fassen Sie den folgenden Textauszug in der für eine Inhaltsangabe vorgesehenen Zeitstufe Präsens zusammen. Markieren Sie als Vorübung alle Verben.*

„Sie betrachtete ihn von der Seite. Sie liebte sein Gesicht, besonders im Profil. Er war ein wirklich attraktiver Mann. Manchmal konnte sie es kaum glauben, dass er damals sie erwählt hatte. Immer noch traute sie dem Frieden nicht ganz, obwohl sie mittlerweile schon dreieinhalb Jahre zusammen waren, und was noch viel wichtiger war, jetzt bereits seit einem Jahr zusammenwohnten."

3 *Formulieren Sie die Einleitung der Inhaltsangabe, indem Sie Angaben zu Titel, Autor, Textsorte, Thema und Erscheinungsjahr machen.*

4 *Schreiben Sie die Inhaltsangabe zu dem Text „Die Sonne, die uns täuscht" auf ein gesondertes Blatt.*

GUT ZU WISSEN | **Eine Inhaltsangabe zu einem literarischen Text schreiben**

Eine Inhaltsangabe konzentriert sich auf die knappe, sachliche Wiedergabe der wesentlichen Aussagen des Textes.
- Die **Einleitung** beinhaltet Titel, Textsorte, Autorin/Autor, Quelle, ggf. das Erscheinungsjahr und die Kernaussage des Textes.
- Im **Hauptteil** werden die wichtigsten Handlungsschritte in einem sinnvollen Zusammenhang dargestellt und in eigenen Worten wiedergegeben.
- Im **Schlussteil** können Sie auf die Aussage des Textes, dessen Wirkung und Ihre eigene Wertung eingehen.

Eine Inhaltsangabe wird in der Zeitstufe des **Präsens** verfasst.
Direkte Aussagen werden zusammengefasst oder **in indirekter Rede** wiedergegeben.
Der Schreibstil einer Inhaltsangabe ist **sachlich** und enthält somit keine persönliche Wertung oder spannungssteigernde Elemente.

Die Interpretation vorbereiten: Figuren charakterisieren

1 *Formulieren Sie Fragen an die Figuren.*

____

____

____

____

____

2 *Welche Textstellen sagen etwas über den Charakter von Marie, dem Protagonisten und Veronika aus? Markieren Sie diese Textstellen in unterschiedlichen Farben.*

3 *Ordnen Sie die folgenden Adjektivlisten den Figuren Marie, Protagonist oder Veronika zu.*

egoistisch, unzufrieden, feige, unsicher, unaufrichtig, attraktiv ____________

verliebt, naiv, geduldig, unselbstständig, hübsch, verträumt ____________

intrigant, heuchlerisch, dominant, selbstbewusst, selbstständig ____________

4 *Ergänzen Sie folgende Satzanfänge:*

Marie findet Veronika ... ____

____

Veronika möchte von dem Protagonisten, dass er ... ______________________________

____

Der Protagonist sieht die beiden Frauen so: ... ______________________________

____

____

____

5 *Analysieren Sie den Gesprächsverlauf des Paares.*

a) Tragen Sie zu den Aussagen der wörtlichen Rede in der linken Spalte der folgenden Tabelle die passenden Zeilenangaben ein.

b) Überlegen Sie, warum die Figuren sich so äußern und wie sie sich in diesem Moment fühlen könnten. Notieren Sie Ihre Einfälle in der rechten Spalte.

Gesagtes	Zeile	Gemeintes
„Warum müssen wir auch hier ganz hinten sitzen?“, murrte er vor sich hin.		
„Ist doch egal“, entgegnete sie.		
„Nein, ist es nicht! [...] Ist doch Mist sowas!“		
„Nun lass doch“, versuchte sie ihn zu besänftigen, „es war doch schön, Schatz, oder?“		
„Ja, ja.“		

c) Beschreiben Sie, wie das Gespräch zwischen den beiden insgesamt verläuft, und nennen Sie mögliche Gründe dafür. Beachten Sie, was in den Figuren vorgeht.

6 *Beschreiben Sie, welches Bild Marie und ihr Partner jeweils von Veronika haben. Belegen Sie Ihre Aussagen mit passenden Textstellen.*

7 *Beantworten Sie die in Aufgabe 1 formulierten Fragen.*

8 *Charakterisieren Sie die drei Figuren auf einem gesonderten Blatt. Belegen Sie Ihre Aussagen am Text.*

GUT ZU WISSEN | **Figuren charakterisieren**

Für die Charakterisierung einer Figur aus einem literarischen Text konzentrieren Sie sich auf die Textstellen, in der ein Erzähler oder eine andere Figur sich direkt oder indirekt über sie äußert oder die Figur über sich selbst spricht.
Sammeln Sie Informationen und ordnen Sie diese: Beginnen Sie mit den **äußeren Merkmalen** (z.B. Aussehen, Beruf, Lebensumstände), gehen Sie zu den **inneren Merkmalen** über (z.B. Charakter, Verhalten, Gefühle) und untersuchen Sie zum Schluss **die Beziehungen zu anderen Figuren**.
Die Beziehungen werden vor allem im kommunikativen Verhalten deutlich. Es ist wichtig herauszufinden, ob sich die Beziehungen zwischen den Figuren (die Figurenkonstellation) verändern oder ob sie gleichbleiben und was jeweils dazu führt.
Belegen Sie wichtige Aussagen am Text mit entsprechenden **Zitaten**. Schreiben Sie im **Präsens**.

Die Form analysieren

1 *Beschreiben Sie den Verlauf der äußeren Handlung. Was fällt Ihnen im Vergleich mit der inneren Handlung auf? Nutzen Sie dazu* GUT ZU WISSEN *„Den Aufbau eines literarischen Textes beschreiben“.*

GUT ZU WISSEN | **Den Aufbau eines literarischen Textes beschreiben**

Um den Aufbau eines literarischen Textes zu beschreiben, befassen Sie sich mit der Gliederung, d.h. der Einteilung des Textes in Sinnabschnitte und der Beschreibung des Handlungsverlaufs (z.B. steigende Handlung, Höhepunkte, Wendepunkte, Rückblenden, Vorausdeutungen). In diesem Zusammenhang ist es wichtig, dass Sie die innere und äußere Handlung untersuchen. Unter der **inneren Handlung** versteht man alle Vorgänge, die sich im Inneren einer Figur abspielen (z.B. Gedanken und Gefühle). Diese werden häufig im inneren Monolog, einem in Gedanken geführten Selbstgespräch, wiedergegeben. Die **äußere Handlung** konzentriert sich auf Ereignisse, die wir beobachten und wahrnehmen können, also alles, was tatsächlich sichtbar ist (z.B. direkte Rede, Verhaltensweisen der Figuren).

2 *Ordnen Sie die folgenden sprachlichen Mittel den Textstellen zu. Notieren Sie Stichworte zu ihrer Bedeutung für den Inhalt: Ellipse, Personifikation, rhetorische Frage, Wiederholung.*

A: „[...] es war doch schön, Schatz, oder?“ (Z. 5)

B: „Ja, ja.“ (Z. 5)

C: „Immer noch traute sie dem Frieden nicht ganz [...]. (Z. 9)

D: „Sie schaute aus dem Fenster. Ein herrliches Wetter.“ (Z. 46-47)

3 *Deuten Sie die Überschrift „Die Sonne, die uns täuscht“.*

a) Was verbinden Sie mit der Sonne allgemein?

b) Wofür steht die „täuschende Sonne“ im übertragenen Sinn?

c) Welches sprachliche Mittel wird hier verwendet?

Die Aussage des Textes untersuchen

1 *Erläutern Sie, weshalb die Beziehung des Paares keine Zukunft hat.*

2 *Formulieren Sie die Aussage des Textes „Die Sonne, die uns täuscht".*

3 *Wie bewerten Sie den Umgang des Paares miteinander? Begründen Sie Ihre Meinung.*

4 *Wie bewerten Sie den Umgang von Veronika mit Marie und dem Protagonisten? Begründen Sie Ihre Meinung.*

5 *Erläutern Sie, inwiefern die Probleme des Paares aktuell auf viele Paare zutreffen könnten.*

6 *Verfassen Sie einen Schluss. Nehmen Sie dabei Bezug zu Ihrer Einleitung.*

____

____

____

____

Die Interpretation schreiben

GUT ZU WISSEN | **Eine Textinterpretation schreiben**

In der **Einleitung** werden Titel, Textsorte, Autorin/Autor, Quelle, ggf. das Erscheinungsjahr und die Kernaussage des Textes genannt.

Im **Hauptteil** werden zuerst die wesentlichen Inhalte des Textes in eigenen Worten zusammengefasst. Vermeiden Sie an dieser Stelle die wörtliche Wiedergabe von Textpassagen in Zitaten. Daran schließen sich diese Aspekte an:
- Analyse des Textaufbaus
- Charakterisierung der zentralen Figuren
- Analyse der erzähltechnischen und sprachlichen Mittel

Belegen Sie Ihre Interpretationsergebnisse mit entsprechenden Textstellen und der Angabe der Zeilen.

Im **Schlussteil** können Sie ein persönliches Fazit ziehen, z.B. indem Sie einen Bezug zu aktuellen Ereignissen herstellen, einen Vergleich ziehen oder ihre Leseerfahrung reflektieren.

1 *Erstellen Sie einen Schreibplan für das Verfassen Ihres Interpretationsaufsatzes auf einem gesonderten Blatt. Nutzen Sie dazu den Schreibplan auf der hinteren Umschlaginnenseite.*

2 *Verfassen Sie den Interpretationsaufsatz.*

Den Aufsatz überarbeiten

Überprüfen und überarbeiten Sie Ihren Aufsatz.
Beachten Sie dabei den „Check: Textrevision“ auf der hinteren Umschlaginnenseite.
Berücksichtigen Sie auch das Kapitel „Extra: Richtig schreiben“ ab Seite 75.

So schätze ich mich jetzt ein

Füllen Sie den Kompetenzcheck dieses Kapitels erneut aus. Können Sie Veränderungen im Vergleich zum letzten Mal feststellen?

Teil 2: Vertiefen und üben

Die Aufgabe

- Verfassen Sie eine Inhaltsangabe.
- Interpretieren Sie den Text.

Thomas Glavinic: Das Leben der Wünsche (Auszug) (2009)

Eine Sekunde! Setzen wir uns auf die Bank vor diesem Brunnen! Ich möchte Ihnen ein Angebot machen. Meinen Sie mich? Ich meine Sie. Kann es sein, dass Sie mich verwechseln? Sie heißen Jonas, sind fünfunddreißig Jahre alt, und Ihre Frau heißt Helen. Kennen wir uns von früher? Sie haben zwei Söhne, Tom und Chris. Sie arbeiten bei der Werbeagentur *Drei Schwestern*. Ihre Mutter ist tot, Ihr Vater sechsundachtzig, er lebt nach einem Schlaganfall im Pflegeheim. Geschwister haben Sie keine. Seit einiger Zeit schlafen Sie mit Marie, deren Mann Apok heißt und mit dem sie ein Kind hat. Sie sind ein Detektiv! Ich bin etwas viel Besseres, sagte der Mann. Setzen wir uns! Jonas hatte keine Lust, mit ihm zu reden. Der Kopf tat ihm jetzt schon weh, eine halbe Stunde nach Sondheimers Geburtstagsfeier, er vertrug diese verheerende[1] Mischung von Rum und Weißwein nicht, die im Büro getrunken wurde. Ihm war so heiß, dass er das Hemd aus der Hose gezogen und die Krawatte in die Tasche gestopft hatte, und brennender Durst wollte ihn in die nächste Kneipe treiben. Doch er folgte dem Mann und gehorchte der Geste, als dieser mit der Hand neben sich auf die Bank klopfte. Auf dem Boden stellte der Fremde einen blauen Aktenkoffer ab. Sie musterten einander. Der Mann war in Weiß gekleidet, Leinensakko[2], Bundfaltenhose, Halbschuhe. Er hatte einen Kurzhaarschnitt, er war schlecht rasiert, um den Hals und am Handgelenk trug er Goldkettchen. Jonas spiegelte sich in seiner Sonnenbrille. Geld? fragte Jonas. Der Mann nahm die Brille ab, begann an einem Bügel zu nagen und sah Jonas dabei unverwandt[3] an. Seine Augen waren wasserblau, seine Miene war ausdruckslos. Er schien zu überlegen, wie er das Gespräch eröffnen sollte. Nach einer Minute, in der er Jonas betrachtet hatte, setzte er sich mit einem Ruck zurecht und schob sich die Brille wieder auf die Nase. Jonas, ich erfülle Ihnen drei Wünsche. Wie wäre es damit: Sie vergessen, was Sie wissen, lassen mich gehen und erschrecken mich nie wieder? Ich meine es ernst. Drei Wünsche. Hören Sie auf. Was wollen Sie? Ich will Ihnen drei Wünsche erfüllen. Ich kann mich täuschen, aber ich glaube, im Märchen verströmt die Fee nie so einen Biergeruch. Ich bin keine Fee, und das hier ist kein Märchen. Ich erfülle Ihnen drei Wünsche. Nennen Sie sie! Sie meinen es wirklich ernst? Vollkommen. Ach du je. Lassen Sie mich mal überlegen. Nur zu. Der Mann sah mit ausladender Geste auf die Uhr und verschränkte die Hände im Nacken. Er wirkte teilnahmslos. Die Kinder, die auf der Wiese Frisbee[4] spielen, schienen ihn ebenso wenig zu interessieren wie der ungeschickte Jongleur gegenüber oder die grölenden Betrunkenen an der Wurstbude am Ende des Parks. Jonas wartete, aber

1 verheerend: furchtbar
2 das oder der Leinensakko: eine Jacke aus Leinen
3 unverwandt: den Blick länger auf jemanden gerichtet
4 das Frisbee: eine gewölbte Wurfscheibe als Spielgerät

der Mann sagte nichts. Im Brunnen hinter ihnen plätscherte Wasser. Die Sonne brannte Jonas auf den Rücken, sein Hemd hatte er längst durchgeschwitzt. Sollte er einfach weggehen? Was der Mann da erzählte, war verrückt. Er sah allerdings nicht wie ein Verrückter aus. Und er wusste von Marie. Drei Wünsche. Und wieso? Weshalb ich? Und wie könnten Sie sie mir erfüllen, wenn Sie keine Fee sind? Bleiben Sie bei der Sache, Jonas. Die Wünsche. Aber was gehen Sie denn meine Wünsche an? Ich weiß ja gar nicht, wer Sie sind? Ich bin derjenige, der Ihnen drei Wünsche erfüllt. Wir drehen uns da im Kreis, scheint es. Das ist nicht meine Schuld. Hören Sie! Ein Mensch mit Goldkettchen, weißem Anzug und Bierfahne will mir drei Wünsche erfüllen! Das ist ja – Das ist auch nicht meine Schuld. Wie ich aussehe, bestimmen Sie. Jetzt reicht es aber! Ich haue ab! Jonas tat so, als wolle er aufstehen, doch der Mann schwieg. Er schien gelangweilt, als habe er dieses Aufbegehren erwartet oder schon oft erlebt. Jonas sank zurück auf die Bank. Eine alte Frau schleppte sich vorbei, mit einem unsichtbaren Widersacher[5] streitend. Jonas sah ihr nach, bis sie von einer größeren Gruppe Spaziergänger verschluckt wurde. Sagen Sie ehrlich, was Sie von mir wollen. Mich erpressen? Wenn Sie so viel über mich und meine Lebensumstände wissen, dann wissen Sie auch, was bei mir zu holen ist. Und warum Leid verursachen? Wenn Maries Mann etwas erfährt – er ist Diabetiker, ständig krank, fast ein Pflegefall, weder physisch[6] noch psychisch[7] belastbar, ein armer Teufel eben. Warum so jemanden verletzen? Welchen Sinn hätte das? Und meine Frau, lieber nicht daran denken! Sie nehmen mich nicht ernst, und das ist ein Fehler. Nennen Sie mir Ihre drei Wünsche. Hinter Jonas rauschte jetzt das Wasser, die Automatik des Springbrunnens hatte in eine höhere Stufe geschaltet. Ein Kind schrie vor Vergnügung, andere lachten. Aus einem Lautsprecher schnarrte eine Stimme, die ein Fußballturnier ankündigte. Ein Mann auf einem Fahrrad ließ die Tauben aufflattern, die sich mit aufgeregtem Gurren durch die Körner auf dem Weg pickten. Jonas erinnerte sich daran, dass er versprochen hatte, Tom und Chris für ihre Spielzeugeisenbahn die neue elektrische Lokomotive aus der Werbung mitzubringen. Die Geschäfte schlossen bald. Oder? Welcher Wochentag war heute eigentlich? Verwirrt rieb er sich die Schläfen, seine Kopfschmerzen wurden unerträglich. Bringen wir's hinter uns, dachte er. Also schön. Sie können mir drei Wünsche erfüllen. So ist es. Welche ich will? Welche Sie wollen. So. Ich könnte mir wünschen zu erfahren, ob das Leben einen Sinn hat. Nicht? Oder ob Sterben einen Sinn hat. Bloß könnten Sie nicht beweisen, dass Ihre Antwort stimmt. Fahren Sie fort! Ich hätte gern mehr über den Tod gewusst, ehe ich sterbe. Ja? Ich hätte vielleicht gern gewusst, wie es ist, knapp davonzukommen. Um ein Haar an großem Unheil vorbeizuschlittern, verstehen Sie? Fahren Sie fort! Wissen Sie, was ich mir schon lange wünsche? Weniger träge zu sein. Mehr zu unternehmen. Mich aufraffen zu können. Aktiver zu sein, neugieriger, lebendiger. Neues auszuprobieren! Fahren Sie fort! Ach, Sie können sich gar nicht vorstellen, was ich alles wissen will. Verstehen will. Ich verstehe nämlich nichts. Habe nie etwas verstanden und werde nie etwas verstehen. Ich will wissen. Unbedingt, ja! Sind wir fertig? fragte der Mann. In Zukunft oder Vergangenheit schauen. Will das nicht jeder? Einen Blick auf das werfen, was gewesen ist? Auf das, was kommt? Das wünschen Sie sich nicht, sagte der Mann. Vor allem möchte ich verstehen! Ich will die Dinge und Verhältnisse verstehen, wenigstens ein wenig, ich verstehe sie nämlich nicht, ich habe von Grund auf nichts von der Welt verstanden, habe keine Antworten, und nichts außer weiterzuleben fällt mir ein. O ja, Herr Detektiv. Zumindest ein paar Hypothesen[8] hätte ich gern, denn ich habe nicht einmal die. Wenn mich jemand fragt, will ich antworten können. Das wäre schön.

5 der Widersacher: ein persönlicher Gegner, der einem schaden will
6 physisch: körperlich
7 psychisch: die Seele betreffend
8 die Hypothese: eine (noch) unbewiesene Annahme

KAPITEL 4

Ein Gedicht interpretieren

Teil 1: Schritt für Schritt

Die Aufgabe

- Verfassen Sie eine Inhaltsangabe.
- Interpretieren Sie das Gedicht.

Mascha Kaléko (1907-1975): Sozusagen grundlos vergnügt (veröffentlicht 1977)

Ich freu mich, daß am Himmel Wolken ziehen
Und daß es regnet, hagelt, friert und schneit.
Ich freu mich auch zur grünen Jahreszeit,
Wenn Heckenrosen und Holunder blühen.
– Daß Amseln flöten und daß Immen[1] summen,
Daß Mücken stechen und daß Brummer brummen.
Daß rote Luftballons ins Blaue steigen.
Daß Spatzen schwatzen. Und daß Fische schweigen.

Ich freu mich, daß der Mond am Himmel steht
Und daß die Sonne täglich neu aufgeht.
Daß Herbst dem Sommer folgt und Lenz[2] dem Winter,
Gefällt mir wohl. Da steckt ein Sinn dahinter,
Wenn auch die Neunmalklugen[3] ihn nicht sehn.
Man kann nicht alles mit dem Kopf verstehn!
Ich freue mich. Das ist des Lebens Sinn.
Ich freue mich vor allem, daß ich bin.

In mir ist alles aufgeräumt und heiter:
Die Diele[4] blitzt. Das Feuer ist geschürt[5].
An solchem Tag erklettert man die Leiter,
Die von der Erde in den Himmel führt.
Da kann der Mensch, wie es ihm vorgeschrieben
– Weil er sich selber liebt – den Nächsten lieben.
Ich freue mich, daß ich mich an das Schöne
Und an das Wunder niemals ganz gewöhne.
Daß alles so erstaunlich bleibt, und neu!
Ich freu mich, daß ich . . . Daß ich mich freu. R

1 die Imme: *hier* die Biene
2 der Lenz: der Frühling
3 die Neunmalklugen: *ironisch* die Besserwisser
4 die Diele: der Hausflur
5 Feuer schüren: ein Feuer durch Stochern anfachen

Diese Kompetenzen sind gefragt

Kreuzen Sie an, wie Sie sich einschätzen.

Kompetenzen	Das kann ich sehr gut	Das kann ich	Das kann ich teilweise	Das trainiere ich
eine Inhaltsangabe des Gedichts schreiben				
– das Thema und die Stimmung des Gedichts beschreiben				
– die Perspektive des lyrischen Ichs beschreiben				
– den Inhalt der Strophen in eigenen Worten zusammenfassen				
die Form eines Gedichts untersuchen				
– die Einteilung in Strophen und Verse beschreiben				
– das Reimschema des Gedichts benennen				
die Wirkung einfacher sprachlicher Mittel im Gedicht deuten				
– wichtige sprachliche Mittel beschreiben				
– die Bedeutung der Stilmittel für den Inhalt erklären				
eine Interpretation des Gedichts schreiben				
– einen Schreibplan aufstellen und nutzen				
– den Aufsatz in Einleitung, Hauptteil und Schluss gliedern				
– in der Einleitung Titel, Verfasser/-in und Entstehungsjahr nennen				
– im Hauptteil den Inhalt kurz wiedergeben und das Gedicht analysieren und deuten				
– einen abrundenden Schluss mit eigener Einschätzung verfassen				
– im Präsens schreiben				
die Ausarbeitung im Hinblick auf sprachliche Richtigkeit überarbeiten				

Die Inhaltsangabe vorbereiten

1 *Mascha Kaléko hat ihr Gedicht „Sozusagen grundlos vergnügt“ genannt. Haben Sie sich schon einmal so gefühlt? Beschreiben Sie in Stichworten, wann, wo und warum.*

____

____

2 *Lesen Sie das Gedicht mehrmals und klären Sie die Bedeutung unbekannter Wörter.*

3 *Nennen Sie drei typische Merkmale eines Gedichts, die auf dieses Gedicht zutreffen.*
Nutzen Sie dazu GUT ZU WISSEN *„Merkmale eines Gedichts“.*

4 *Begründen Sie, in welcher Stimmung sich das lyrische Ich in diesem Gedicht befindet.*

5 *Geben Sie das Thema und die Hauptaussage des Gedichts in eigenen Worten wieder.*
Was möchte das lyrische Ich den Lesenden mitteilen?

GUT ZU WISSEN – Merkmale eines Gedichts

Ein Gedicht ist ein Text aus **Versen**, der zur Gattung der **Lyrik** gehört. Häufig besteht ein Gedicht aus mehreren **Strophen**, das sind Textabschnitte aus mehreren Versen. Die Verse sind oft besonders künstlerisch gestaltet.

Sie weisen z.B. einen **Rhythmus** auf, der durch betonte und unbetonte Silben im Gedicht vorgegeben wird. Wenn Sie das Gedicht laut sprechen, wird der Rhythmus deutlich. Die Versenden **reimen** sich oft, es gibt verschiedene Reimformen:

- **Paarreim:** zwei aufeinanderfolgende Verse reimen sich (a a b b)
- **Kreuzreim:** der 1. und 3. Vers reimen sich und der 2. und 4. Vers (a b a b)
- **umarmender Reim:** zwei Verse, die sich reimen, werden von zwei Versen umschlossen, die sich ebenfalls reimen (a b b a)

Gedichte sind reich an **sprachlichen Stilmitteln**: Ein **Vergleich** ist leicht an den Wörtern *wie* oder *als* zu erkennen (heller als die Sonne scheinen, so weiß wie frischgefallener Schnee). Bei einer **Metapher** wird ein Wort aus einem bestimmten Zusammenhang auf etwas anderes übertragen (ein Meer voll Tränen, ein steinernes Herz). Bei einer **Personifikation** zeigt ein Gegenstand, ein Tier oder ein anderes Lebewesen menschliches Verhalten (der Wald schläft, die Vögel wundern sich). Meistens geht es weniger um Ereignisse, als dass **Gefühle** und Zustände des Menschen, in der Natur oder in der Gesellschaft geschildert und **Denkanstöße** gegeben werden.

Das **lyrische Ich** ist die Sprecherin oder der Sprecher in einem Gedicht, entweder taucht es direkt im Text auf (ich, mein, wir) oder es spricht aus dem Verborgenen. Dieses **lyrische Ich** vermittelt im Gedicht Stimmungen und Gefühle, nimmt zum Geschehen Stellung und wendet sich manchmal direkt an die Lesenden. Es ist **niemals mit dem Autor / der Autorin gleichzusetzen**, auch nicht, wenn man eigene Erfahrungen im Text vermutet.

Die Inhaltsangabe schreiben

1 *Das lyrische Ich drückt seine Freude über die Welt in der ersten Strophe besonders dadurch aus, dass es seine Umgebung mit allen Sinnen wahrnimmt. Tragen Sie Beispiele dafür in die Tabelle ein und belegen Sie durch Angabe des Verses.*

Riechen	Hören	Sehen	Spüren	Schmecken

2 *Worüber freut sich das lyrische Ich in der zweiten Strophe? Schreiben Sie vier Stichworte auf und geben Sie jeweils den Vers dazu an.*

____

____

3 *Die dritte Strophe beginnt mit den Worten „In mir …“ (V. 17). Zeigen Sie an drei Beispielen auf, wie sich die Dinge, über die sich das lyrische Ich freut, in dieser Strophe verändern.*

____

____

____

4 *Schreiben Sie eine Inhaltsangabe der Strophen auf ein gesondertes Blatt. Nutzen Sie Ihre Ergebnisse aus den Aufgaben 1 bis 3.*

Die Gedichtinterpretation vorbereiten

1 ***Beschreiben Sie in Stichworten die Strophenform und das Reimschema des Gedichts. Erläutern Sie, welche Wirkung dies mit Bezug auf den Inhalt hat. Nutzen Sie dazu*** GUT ZU WISSEN ***„Merkmale eines Gedichts".***

Strophenform	Wirkung in Bezug auf den Inhalt
Reimschema	**Wirkung in Bezug auf den Inhalt**

2 ***Welche sprachlichen Mittel hat Mascha Kaléko jeweils in den folgenden Versen des Gedichts verwendet? Verbinden Sie jeden Vers mit dem passenden sprachlichen Mittel rechts.***

„regnet, hagelt, friert und schneit" (V. 2)		Metapher
„Daß Spatzen schwatzen." (V. 8)		Ellipse
„Und daß die Sonne täglich neu aufgeht." (V. 10)		Lautmalerei
„In mir ist alles aufgeräumt" (V. 17)		Aufzählung, Reihung
„Brummer brummen" (V. 6)		Personifikation

3 ***Beschreiben Sie, wie die Stilmittel aus Aufgabe 2 auf die Lesenden wirken. Sie können aus den folgenden Vorschlägen passende Beschreibungen auswählen.***

wirkt anschaulich – weckt Assoziationen/Erinnerungen – betont spontane Gefühle – wirkt heiter – verstärkt den Eindruck – betont – hebt hervor – wirkt einprägsam – variiert den Ausdruck – wirkt lebhaft, spielerisch – unterstreicht die gute Laune des lyrischen Ichs

Aufzählung, Reihung ____

Ellipse ____

Metapher ______________________________

Personifikation ______________________________

Lautmalerei ______________________________

4 *Untersuchen Sie, wie das Wort „Himmel" in dem Gedicht eingesetzt wird. Wie wird es in den ersten beiden Strophen (V. 1 und V. 9) benutzt? Wofür steht das Wort „Himmel" dagegen in der dritten Strophe (V. 20)?*

____

____

____

____

5 *An manchen Stellen des Gedichts werden allgemeine Erkenntnisse des lyrischen Ichs formuliert. Erläutern Sie den Vers: „Man kann nicht alles mit dem Kopf [...] verstehn!" (V. 14)*

____

____

____

____

6 *Erläutern Sie anhand der Verse 21 und 22, warum es auch für die Mitmenschen wichtig ist, dass man sich selbst wohl fühlt: „Da kann der Mensch, wie es ihm vorgeschrieben/ – Weil er sich selber liebt – den Nächsten lieben."*

____

____

____

____

7 *„Ich freu mich, daß ich ... Daß ich mich freu." Deuten Sie den letzten Vers des Gedichts. Beziehen Sie auch den Titel des Gedichts in Ihre Betrachtung ein.*

____

____

____

____

Die Gedichtinterpretation schreiben

1 *Erstellen Sie einen Schreibplan auf einem gesonderten Blatt. Nutzen Sie dazu den Schreibplan auf der hinteren Umschlaginnenseite.*

2 *Verfassen Sie auf der Grundlage Ihrer bisherigen Ergebnisse eine passende Einleitung sowie den Hauptteil Ihres Aufsatzes auf einem gesonderten Blatt. Nutzen Sie dazu* GUT ZU WISSEN *„Eine Gedichtinterpretation schreiben“.*

3 *Für den Schluss Ihres Aufsatzes können Sie die Bedeutung beschreiben, die das Gedicht für viele Lesende auch heute noch haben kann. Führen Sie den Satz zu Ende:*

Meiner Meinung nach ist die Botschaft des Gedichts immer noch aktuell, denn ...

___

___

___

___

GUT ZU WISSEN | **Eine Gedichtinterpretation schreiben**

In der **Einleitung** werden die wichtigsten Informationen (Autor oder Autorin, Titel, Entstehungsjahr und evtl. die Quelle des Gedichts) genannt. Das Thema und die Hauptaussage, die Sie aufgrund Ihrer ersten Leseerfahrungen erarbeitet haben, werden in wenigen Sätzen zusammengefasst.

Der **Hauptteil** beginnt mit einer kurzen Wiedergabe des Inhalts, dabei kann z.B. die Haltung des lyrischen Ichs beschrieben werden. Bei der anschließenden Analyse der Form und der sprachlichen Mittel sollten diese immer wieder mit dem Inhalt in Verbindung gebracht werden. Alle Aspekte münden in einer schlüssigen Deutung, die Sie durch Versangaben belegen und überzeugend erklären.

Zum **Schluss** runden Sie Ihren Aufsatz ab, indem Sie Ihre wichtigsten Ergebnisse noch einmal auf den Punkt bringen. Sie formulieren eine eigene, kurze Einschätzung des Gedichts, beurteilen z.B. auch seine Aktualität. Wenn Sie etwas über die Epoche oder den Autor oder die Autorin wissen, können Sie dies hier einfließen lassen.

Beim Schreiben des Aufsatzes sollten Sie darauf achten, dass Sie keine Umgangssprache verwenden, im **Präsens** bleiben und die **indirekte Rede** im Konjunktiv wiedergeben. Wichtig ist auch, dass Sie die gelernten **Fachbegriffe** korrekt einsetzen.

Den Aufsatz überarbeiten

Überprüfen und überarbeiten Sie Ihren Aufsatz.
Beachten Sie dabei den „Check: Textrevision“ auf der hinteren Umschlaginnenseite.
Berücksichtigen Sie auch das Kapitel „Extra: Richtig schreiben“ ab Seite 75.

So schätze ich mich jetzt ein

Füllen Sie den Kompetenzcheck dieses Kapitels erneut aus. Können Sie Veränderungen im Vergleich zum letzten Mal feststellen?

Teil 2: Vertiefen und üben

Die Aufgabe

- Verfassen Sie eine Inhaltsangabe.
- Interpretieren Sie das Gedicht.

Erich Fried (1921-1988): Spiegel (veröffentlicht 1993)

Wieviel Teile ein Spiegel hat
daß ich mich selbst in ihm sehe
wieviel Teile
daß ich mir nicht mehr entgehe?

In einem bin ich linkisch[1]
im anderen bin ich gerecht
in einem bin ich gut
und im anderen bin ich schlecht

In einem bin ich bedächtig
und in einem verzerrt von Gewalt
In einem bin ich jung
und in einem schon alt

In einem bin ich zweimal
und einer bleibt von mir leer
In einem bin ich noch nicht
und in einem bin ich nicht mehr

Spiegel, Spiegel,
Spieglein an keiner Wand[2]
lasse mich los
bring mich nicht um den Verstand! Ⓡ

1 linkisch: ungeschickt
2 Spieglein an keiner Wand: abgewandelt aus dem Märchen „Schneewittchen und die sieben Zwerge“. Dort heißt es: „Spieglein, Spieglein an der Wand, wer ist die Schönste im ganzen Land?“

KAPITEL 5

Gestaltendes Interpretieren – einen Tagebucheintrag oder einen Brief schreiben

Teil 1: Schritt für Schritt

Die Aufgabe

Lesen Sie die Erzählung „Die beiden Ärzte“ von Jeremias Gotthelf. Wählen Sie dann eine der beiden Aufgaben aus.

- Nachdem die beiden Ärzte in die Schweiz gereist sind, hält der Bürgermeister die Ereignisse der letzten Tage und seine Gefühle in seinem Tagebuch fest. Schreiben Sie diesen Tagebucheintrag.
- Wenige Tage nach ihrer Abreise schreibt einer der beiden Ärzte einen Brief an den Bürgermeister des kleinen Städtchens. Er erinnert an die Ereignisse in dem Städtchen und gibt an, was ihn bewogen hat, so zu handeln. Er schreibt auch, wie er sich damals gefühlt hat und wie es ihm heute geht. Schreiben Sie diesen Brief.

Jeremias Gotthelf: Die beiden Ärzte (1845)

Kürzlich erschienen zwei junge Ärzte in einer kleinen Stadt, welche wahrscheinlich in einer großen keine Anstellung erhalten hatten, und wollten dort Wunder tun; sie kündigten an, dass sie nicht nur fast jede Krankheit zu heilen imstande wären, sondern auch Tote wiederzuerwecken vermöchten. Anfangs lachten die Leute in der kleinen Stadt; aber die Bestimmtheit, mit welcher die beiden Fremden von ihrer Kunst sprachen, machte die Leute bald bedenklich. Als diese gar erklärten, sie wären bereit, nach drei Wochen an dem und dem Tage auf dem Gottesacker irgendeinen Toten, den man bezeichne, wieder in das Leben zu rufen, und als sie zu größerer Sicherheit selbst darauf antrugen, man möchte sie drei Wochen über bewachen, damit sie nicht entweichen könnten, geriet das Städtchen in eine seltsame Aufregung. Je näher der entscheidende Tag herankam, um so mehr wuchs erst geheim, dann öffentlich der Glaube, bis endlich die Vernünftigen nicht einmal mehr ihre Zweifel äußern durften. Am Tage vor dem großen Wunder auf dem Kirchhof erhielten die beiden Freunde einen Brief von einem angesehenen Mann der Stadt; darin hieß es: „Ich hatte eine Frau, die ein Engel war; aber mit vielerlei Leiden und Gebrechen war sie behaftet. Meine Liebe zu ihr war unbeschreiblich; aber eben um dieser Liebe willen gönne ich ihr die ewige Ruhe, es wäre schrecklich für sie, die jetzt so glücklich sein wird, wenn sie in ihre zerrüttete[1] Hütte zurückkehren müsste. Ich zittere vor dem Gedanken, dass es vielleicht gerade meine Frau sein könnte, welche Sie bei Ihrem Versuch auf dem Kirchhof wieder ins Leben zurückbringen. Verschonen Sie um Gottes willen die Selige mit Ihrer Kunst und erlauben Sie mir, dass ich Ihnen beiliegende fünfzig Louisdor (Goldstücke) zustelle, als ob die Sache wirklich geschehen wäre!“ Dieser Brief war der erste; eine Menge ähnlichen Inhalts folgte ihm nach. Ein Neffe war schrecklich besorgt um seinen Onkel, den er beerbt hatte. Schrecklich sei es dem lieben Onkel sein Lebtag gewesen, schrieb er, wenn ihn jemand geweckt hätte; was er erst jetzt

Der Schweizer Pfarrer Albert Bitzius schrieb unter dem Pseudonym „Jeremias Gotthelf“ Romane, Erzählungen und Aufsätze.

1 zerrüttet: *hier* alt, baufällig

empfinden müsste, wenn jemand ihn aus dem Todesschlafe wecken würde! Er halte es in seiner Pflicht, ihn vor solcher Gewalttat zu schützen, indessen erbiete[2] er sich zu einer ansehnlichen Entschädigung. Untröstliche Witwen erschienen plötzlich persönlich mit inständigen Bitten, nichts gegen Gottes Willen, in den sie sich mit unglaublichen Anstrengungen zu schicken begönnen, zu tun; es könnte nicht gut kommen.

In der allergrößten Angst waren jedoch die beiden Ärzte des Städtchens; sie liefen umher wie brönnig Manne (wie begossene Pudel), sie fürchteten, ihre Patienten, welche sie unter die Erde gebracht, möchten wieder zum Vorschein kommen und aus schwatzen, was sie jenseits vernommen.

Der Bürgermeister, der noch nicht lange im Amt war und manchen Vorgänger unterm Boden hatte[3], erhob sich endlich auf einen allgemeinen Standpunkt[4]; er bedachte, dass unter so bewandten[5] Umständen die Ruhe der Stadt durchaus nicht zu erhalten wäre, wenn die Toten wieder zum Vorschein kommen sollten. Er erließ daher ein halboffizielles Schreiben an die beiden Wundermänner, in welchem er sie aufforderte, in der ihm von Gott anvertrauten Stadt von ihrer Kunst keinen Gebrauch zu machen, sondern sogleich abzureisen und hier es beim Alten bewenden zu lassen. Dagegen erbot er sich, ihnen viel Geld aus dem allgemeinen Säckel[6] zu zahlen und ihnen ein Zeugnis auszustellen, dass sie wirklich imstande seien, Tote aufzuwecken. Die beiden Wundermänner antworteten, aus Gefälligkeit und weil er es wäre, wollten sie sich mit dem Anerbieten[7] begnügen, nahmen Geld und Zeugnis und schoben[8] sich. Es heißt, sie hätten ihren Weg nach der Schweiz genommen.

2 erbieten: sich bereit erklären, anbieten
3 jemanden unter dem Boden haben: *hier* jemand ist bereits verstorben
4 sich auf einen allgemeinen Standpunkt erheben: sich der Meinung der anderen anschließen
5 so bewandt: *veraltet für* derartig
6 aus dem allgemeinen Säckel: aus der Stadtkasse
7 das Anerbieten: das Angebot
8 sich schieben: sich davon machen

Diese Kompetenzen sind gefragt

Kreuzen Sie an, wie Sie sich einschätzen.

Kompetenzen	Das kann ich sehr gut	Das kann ich	Das kann ich teilweise	Das trainiere ich
die Perspektive wechseln				
– die Erzählperspektive eines Textes erfassen				
– den Inhalt des Ausgangstextes als Grundlage nutzen				
– prüfen, aus welcher Situation heraus zu schreiben ist				
– sich in die Figur hineinversetzen, die schreibt				
– ihre Einstellungen und Gefühle analysieren				
– das Handeln der Figur deuten				
– die Beziehungen der Figuren zueinander erkennen				
einen Tagebucheintrag schreiben				
– die Handlung in eigenen Worten wiedergeben				
– den Schreibstil der Figur und der Textsorte anpassen				

Kompetenzen	Das kann ich sehr gut	Das kann ich	Das kann ich teilweise	Das trainiere ich
- die Gedanken und Gefühle der Figur zum Ausdruck bringen				
- ein inhaltlich passendes Datum und einen Schlusssatz einfügen				
einen Brief schreiben				
- die Absicht des Briefabsenders berücksichtigen				
- bestimmen, wer der Empfänger ist				
- eine Anrede, einen Schlusssatz und eine Grußformel formulieren				
- ein inhaltlich passendes Datum einfügen				
- die Handlung in eigenen Worten wiedergeben				
- die Gedanken und Gefühle der Figur zum Ausdruck bringen				
- eine dem Absender und Empfänger angemessene Sprache wählen				
- die Schreibweise der Anredepronomen beachten				
die Ausarbeitung übersichtlich strukturieren				
- durch Absätze gliedern				
- sinnvolle Übergänge zwischen den einzelnen Teilen formulieren				
die Ausarbeitung im Hinblick auf sprachliche Richtigkeit überarbeiten				

Den Perspektivwechsel vorbereiten

1 *Notieren Sie, wo und wann die Geschichte spielt.*

____

____

2 *Beschreiben Sie das Verhalten der beiden Ärzte.*

a) Was versprechen sie den Menschen?

____

____

b) Wie treten die beiden auf?

____

____

3 *Beschreiben Sie das Verhalten der Leute in der kleinen Stadt: am Anfang und im Lauf der Zeit.*

____

____

____

4 *Erklären Sie, warum sich das Verhalten der Bürgerinnen und Bürger ändert.*

____

____

____

5 *Beantworten Sie die folgenden Fragen.*

a) Welche Personen äußern Bedenken oder Sorgen wegen der Wiedererweckung von Toten?
b) Welche Gründe nennen sie?
c) Wie bewerten Sie die Gründe? Sind sie nachvollziehbar oder nicht?

Person	Gründe	Bewertung
1.		
2.		
3.		
4.		

6 *Erklären Sie die Redewendung „[...] sie liefen umher wie brönnig Manne (wie begossene Pudel) [...]“ (Z. 32f.) im Textzusammenhang.*

____

____

____

7 *Beschreiben Sie das Verhalten des Bürgermeisters.*

____

____

____

8 *Deuten Sie das Verhalten des Bürgermeisters.*

____

____

____

9 *Wie könnten die Mitbürgerinnen und Mitbürger auf das Verhalten des Bürgermeisters reagiert haben? Stellen Sie Vermutungen darüber an.*

____

____

Den Tagebucheintrag schreiben

1 *Setzen Sie sich mit der Figur des Bürgermeisters auseinander. Beantworten Sie die Fragen:*

a) Welche Gedanken könnten dem Bürgermeister durch den Kopf gegangen sein, seitdem die beiden Ärzte in der Stadt waren?

____

____

b) Welche Gefühle könnte der Bürgermeister gehabt haben?

____

____

c) Was könnte er sich durch den Weggang der beiden Ärzte erhofft haben?

____

____

____

2 *Erklären Sie den Satz: „Der Bürgermeister, der noch nicht lange im Amt war und manchen Vorgänger unterm Boden hatte, erhob sich endlich auf einen allgemeinen Standpunkt“ (Z. 36f.).*

____

____

3 *Charakterisieren Sie den Bürgermeister.*

____

____

GUT ZU WISSEN **Einen Tagebucheintrag schreiben**

Ein Tagebucheintrag gibt die **Gedanken** und **Gefühle** des Schreibenden wieder. Sie sind mit Geschehnissen verknüpft, die im Text beschrieben werden. Diese müssen nicht chronologisch wiedergegeben werden. Die Reihenfolge kann auch von der Bedeutung für die Schreiberin oder den Schreiber bestimmt werden. Aus dem Text können Sie Informationen über diese Person entnehmen, z.B. in den Beschreibungen oder direkten Äußerungen. Sie dürfen auch eigene Ergänzungen aufnehmen, die über die Textvorlage hinausgehen, sofern sie nachvollziehbar sind.
Um den Tagebucheintrag schreiben zu können, sollten Sie sich in die Figur hineinversetzen, ihre Gefühle und Stimmungen erspüren und überlegen, wie sie sprechen bzw. schreiben könnte. Der Tagebucheintrag sollte mit einem Datum (kann ein ausgedachtes sein) und ohne eine Anrede (nicht „Liebes Tagebuch“) beginnen. Unvollständige Sätze und Ausdrücke aus der Umgangssprache sollten Sie vermeiden. Zum Ausklang können Sie einen Ausblick zu den Folgen des Geschehens formulieren, z.B. eine Hoffnung oder Befürchtung, die sich aus dem Erlebten ergibt.

4 *Verfassen Sie zunächst einen Schreibplan. Nutzen Sie dazu den Schreibplan auf der hinteren Umschlaginnenseite.*

5 *Schreiben Sie den Tagebucheintrag des Bürgermeisters auf ein gesondertes Blatt.*

Den Aufsatz überarbeiten

Überprüfen und überarbeiten Sie Ihren Aufsatz.
Beachten Sie dabei den „Check: Textrevision“ auf der hinteren Umschlaginnenseite.
Berücksichtigen Sie auch das Kapitel „Extra: Richtig schreiben“ ab Seite 75.

So schätze ich mich jetzt ein

Füllen Sie den Kompetenzcheck dieses Kapitels erneut aus. Können Sie Veränderungen im Vergleich zum letzten Mal feststellen?

Den Brief schreiben

1 *Erklären Sie, warum die beiden Ärzte gerade an diesen Ort gekommen sind.*

2 *Wie gelingt es den beiden Ärzten, sich Respekt zu verschaffen? Erklären Sie.*

3 *Interpretieren Sie die Reaktion der beiden Ärzte auf das Angebot des Bürgermeisters.*

4 *Stellen Sie sich vor, Sie wären einer der beiden Ärzte. Beantworten Sie die Fragen.*

a) Wie fühlen Sie sich während Ihres Aufenthaltes in dem Städtchen?

b) Wie fühlen Sie sich nach Ihrem Weggang?

5 *Charakterisieren Sie die beiden Ärzte.*

6 *Notieren Sie Stichworte: Aus welchem Anlass könnte einer der Ärzte dem Bürgermeister einen Brief schreiben? Was will er erreichen?*

7 *Formulieren Sie eine passende Anrede für den Brief.*

____

____

8 *Kreuzen Sie den Schlusssatz an, der am besten zum Inhalt Ihres Briefes passt, und begründen Sie Ihre Wahl.*

☐ Noch einmal vielen Dank für Geld und Zeugnis. Damit haben wir erst einmal ausgesorgt.
☐ Noch heute lachen wir über Sie und die Dummheit der Menschen in Ihrem Städtchen.
☐ Vielleicht wollen Sie uns Ihren Bürgermeisterkollegen empfehlen. Wir kommen gerne.
☐ Es tut mir leid. Mein Kollege hat mich gezwungen, bei dem Schwindel mitzumachen.

____

____

9 *Verfassen Sie zunächst einen Schreibplan. Nutzen Sie dazu den Schreibplan auf der hinteren Umschlaginnenseite.*

10 *Schreiben Sie den Brief des Arztes an den Bürgermeister auf ein gesondertes Blatt.*

GUT ZU WISSEN **Einen Brief schreiben**

Um den Brief schreiben zu können, sollten Sie sich in den Schreibenden hineinversetzen, seine Gefühle und Stimmungen erspüren. Aus der Sicht dieser Figur werden die Inhalte der Textvorlage entsprechend der Aufgabenstellung aufgenommen und gestaltet. Vielleicht hat die Figur Charakterzüge, die auch in diesem Brief zum Tragen kommen, oder einen besonderen Anlass, ihn zu verfassen. Auch die Beziehung zum Adressaten ist von Bedeutung. Am Ende können Sie noch einmal kurz auf das Anliegen eingehen und den Standpunkt bekräftigen.
Stimmen Sie den Schreibstil sowohl auf den Schreibenden und den Empfänger des Briefes ab als auch auf den Anlass. Berücksichtigen Sie die Regeln zur Gestaltung eines persönlichen Briefes: z.B. Anrede und Schlusssatz, Datum, Schreibweise der Anredepronomen (Sie, Ihnen ...).

Den Aufsatz überarbeiten

Überprüfen und überarbeiten Sie Ihren Aufsatz.
Beachten Sie dabei den „Check: Textrevision“ auf der hinteren Umschlaginnenseite.
Berücksichtigen Sie auch das Kapitel „Extra: Richtig schreiben“ ab Seite 75.

So schätze ich mich jetzt ein

Füllen Sie den Kompetenzcheck dieses Kapitels erneut aus. Können Sie Veränderungen im Vergleich zum letzten Mal feststellen?

Teil 2: Vertiefen und üben

Die Aufgabe

Lesen Sie die Kurzgeschichte „Die letzte Rettung“ von Lucy Fricke. Wählen Sie dann eine der beiden Aufgaben aus.

- Nachdem der Vater das Geld erhalten hat, fährt die Tochter nach Berlin zurück. Sie hält die Ereignisse der letzten Tage und ihre Gefühle in ihrem Tagebuch fest. Schreiben Sie diesen Tagebucheintrag.
- Als die Tochter wieder in Berlin angekommen ist, schreibt sie ihrem Ex-Mann einen Brief. Sie schildert ihm, was nach ihrem Auszug mit dem Bild passiert ist und was sie dabei gefühlt hat. Schreiben Sie diesen Brief.

Lucy Fricke: Die letzte Rettung (2019)

Sie konnte den Anblick dieses Bildes kaum noch ertragen. Was sollte das überhaupt sein? Mispeln, Tomaten, Marillen? Die Weintrauben ja, die erkannte sie noch, und trockene, graue Blätter an einem Ast. Schäbige Vergänglichkeit. Und dahinter, was war das? Der Himmel, das Meer? Und dann dieser Name. Proferio Grossi. Nicht als normale Signatur[1] auf dem Bild, nein, der Künstler hatte seinen Namen auf ein gemaltes, geknicktes Etikett geschrieben. In Großbuchstaben. Das musste man erst mal schaffen, sogar die Signatur zu verhunzen.

Nichts an diesem Gemälde hatte irgendeinen Wert. Das sah jeder, nur ihr Vater nicht. Für ihren Vater war dieses Bild nichts weniger als die letzte Rettung. Es war das ein zige Erbstück, das seine Tante hinterlassen hatte. Diese eine reiche Tante, die es in jeder mittellosen Familie geben musste. Ledig und kinderlos, damit zog man die Hoffnung der gesamten Verwandtschaft an. Und der Vater hatte lange gehofft, sehr lange. Er war jeden Monat von Hamburg nach Berlin gefahren, um die demente Tante zu besuchen. Es hieß, sie hätte knapp 300 000 Euro auf dem Konto liegen. Das hatte ihr Vater mit eigenen Augen gesehen, als er damals ihre Unterlagen sortierte. 300 000 Euro hatte er gesagt, das sei über eine Viertelmillion! Er hatte, entgegen seiner Natur, ganz euphorisch[2] geklungen. Seitdem hatte er die Tante regelmäßig besucht, zwölf Jahre lang. Sie war in ein ihr angemessenes Heim gezogen, eine herrschaftliche Villa in der Nähe des Grunewalds. Dort saß sie in ihrem Zimmer mit Ausblick, erkannte schon bald ihren Neffen nicht mehr, freute sich aber über seinen Besuch, so wie sie sich über den Wechsel der Jahreszeiten freute. Ein freundliches Haus, sagte ihr Vater, nicht ohne darauf hinzuweisen, dass jeder Monat dort so viel kostete wie eine Jahresmiete für seine Hamburger Sozialwohnung. Mit jedem Besuch wurde seine Laune schlechter.

Die Tante starb exakt in dem Monat, als ihr gesamtes Geld verbraucht war. Sie verabschiedete sich mit einer glatten, fröhlichen Null aus dem Leben. Überhaupt nichts sei übrig, hatten sie ihrem Vater gesagt, kein Geld, kein Schmuck, keine Möbel. Nur dieses Bild hänge noch an der Wand. Das war vor vier Jahren gewesen. Und ihr Vater hatte nicht die geringste Lust, jemals wieder nach Berlin zu fahren. Er fühlte sich weniger von der Tante als vielmehr vom Leben im Generellen[3] abscheulich betrogen. Hol das Bild ab, hatte er gesagt, und hebe es auf für schlechte Zeiten. In diesem Moment wurde ihr klar, dass ihr Vater sich auf einen langen, zähen Abstieg vorbereitete. Mit ihrem damaligen Mann war sie in das Heim der Tante gefahren, hatte ihr leergeräumtes Zimmer betreten, in dem nur noch dieses grauenvolle Bild an der Wand

1 die Signatur: die Unterschrift
2 euphorisch: entzückt, begeistert
3 im Generellen: im Allgemeinen

hing. Wehe, sagte der Mann, du hängst diesen Schinken bei uns auf. Im Gegensatz zu ihr war er immerhin Absolvent[4] einer Kunsthochschule, sein Urteil somit nicht nur Ausdruck seines persönlichen Geschmacks, sondern professionell. Vielleicht 50 Euro, meinte er, für den Rahmen. Zu Hause hängte sie das Werk schließlich doch auf, hinter dem Regal in der Kammer. Völlig wertlos sei es, erklärte sie ihrem Vater, der ihr kein Wort glaubte. Das könne überhaupt gar nicht sein, beharrte er, die Frau sei immerhin eine Viertelmillionärin gewesen, es sei also vollkommen unter ihrem Niveau, bis zu ihrem Tod auf ein wertloses Bild zu blicken. Ob sie schon einmal hinter der Leinwand nachgeschaut hätte, fragte er und spekulierte kurz auf Wertpapiere, Aktien, Scheine. Doch es blieb ein wertloses Bild.

Als sie schließlich, aus Gründen, die hier nicht weiter erläutert werden müssen, aus der gemeinsamen Wohnung auszog, schmiss ihr jetziger Ex-Mann es eigenhändig als Letztes in den Umzugswagen, und der Möbelpacker konnte sich den Kommentar nicht verkneifen, dass manche Dinge wohl einen besonderen persönlichen Wert hätten. Das Bild wurde zum Inbegriff des Scheiterns, und die neue Wohnung besaß nicht mal eine Kammer.

Letzten Monat schließlich rief ihr Vater an und sagte, nun seien sie endgültig da, die schlechten Zeiten. Voller Inbrunst[5] sprachen sie darüber, wie unfassbar schlecht diese Zeit sei, beschämend, entwürdigend, das hätte nun wirklich niemand verdient, sie beide am allerwenigsten. Du musst das Bild verkaufen, sagte er, und dann machen wir fifty-fifty. Der Mann litt an einem Wahn, er glaubte immer noch an die letzte Rettung. Sie solle zu den Auktionshäusern[6] gehen, sagte er, er hätte recherchiert, davon gebe es in Berlin einige. Sie müsse es versuchen. Sie versuchte es. Für Menschen, die man liebt, tut man die sinnlosesten Dinge. Sie machte sich in den Charlottenburger Auktionshäusern komplett zum Affen. Ihr Vater hielt darum ganz Berlin für einen versoffenen, hirnverbrannten Schnöselverein. Sie solle ihm das Bild bringen, er kenne da einen exquisiten Antiquar[7], sagte er.

Jetzt saß sie in einem ICE nach Hamburg zu ihrem Vater, transportierte eine falsche Hoffnung durch das Land und wusste, dass irgendein dahergelaufener Trödler schon nächste Woche das Herz ihres Vaters brechen würde. Sie sprang am Hauptbahnhof aus dem Zug und verschwand so schnell sie konnte in der Menge. Man konnte nie wissen, am Ende meinte es noch einer gut, der es nicht besser wusste, und trug ihr das elende Ding hinterher. Am nächsten Geldautomaten saugte sie alles Geld von ihrem Konto, was der Dispo[8] noch hergab.

Als der Vater ihr die Tür öffnete, lachte sie viel zu laut und sagte: Du glaubst nicht, was mir passiert ist! Und sie erzählte von einem älteren Herrn im Zug, der so alt war wie die Tante, wenn sie noch leben würde, und der hatte eine ganze Stunde lang ihr Bild angesehen und dabei war er von Minute zu Minute in größere Verzückung geraten. Dass er sich vorstellen könne, dass sie sehr an diesem Bild hänge, meinte er, dass es für sie sicher einen großen persönlichen Wert darstelle, unbezahlbar, aber dieses Bild, er könne es gar nicht genau sagen, es würde ihn an etwas oder jemanden erinnern. Er würde es sehen und dabei an eine glückliche Zeit zurückdenken, mehr ein Gefühl als eine Erinnerung sei es. Und dann hat er seine riesige Brieftasche geöffnet, noch nie hatte sie, zumindest nicht bei einem Mann, eine so große Brieftasche gesehen, und er holte alle seine Scheine hervor. Langsam legte sie zehn Hunderter einzeln auf den Küchentisch und bei jedem Schein hüpfte ihr Vater, zumindest sprangen seine Knie auf und ab. Es war der größte Ausdruck von Freude, den sie je bei ihm gesehen hatte. Siehst du!, rief er, siehst du! Ich hab es doch gewusst.

4 der Absolvent: jemand, der eine Prüfung bestanden hat
5 die Inbrunst: ein starkes Gefühl der Erregtheit
6 die Auktionshäuser: Unternehmen, die Versteigerungen durchführen
7 der Antiquar: jemand, der einen Handel mit alten Büchern oder mit Kunstwerken betreibt
8 der Dispo: Kurzwort für Dispositionskredit: der Überziehungskredit

KAPITEL 6

Gestaltendes Interpretieren – einen szenischen Dialog verfassen

Teil 1: Schritt für Schritt

Die Aufgabe

- Lesen Sie die Kurzgeschichte „Der helle Schatten" von Theresa Schlosser.
- Am Ende der Geschichte lädt die Frau das Mädchen zum Essen ein. Es nimmt die Einladung an. Stellen Sie sich vor, dass sich im Restaurant zwischen den beiden ein Gespräch entwickelt. Worüber könnten sie sprechen? Schreiben Sie diesen Dialog in direkter Rede. Verwenden Sie auch Regieanweisungen.

Theresa Schlosser: Der helle Schatten (2018)

Kälte. Sie kommt von überall. Keine Chance zu entkommen. Der Wind fährt durch ihre dünne Kleidung, als hätte sie nichts an. Schmerz. Ihre Beine spürt sie kaum noch. Viel zu lange steht sie schon da. Unbeweglich. Nur ihr Mund formt Worte. Worte, die sie schon so oft wiederholt hat. Fünf Mal in der Stunde. Fünfundfünfzig Mal am Tag. Immer dieselbe Reihenfolge. Ein Lied nach dem anderen. Unterbrochen wird sie nur von ihren Zähnen. Laut schlagen sie aufeinander.

Ganz selten gibt sie ein „Danke" von sich. Kaum hörbar. Wie Schatten laufen die Menschen an ihr vorbei. Sie rennen. Warm eingepackt. Ihre Gesichter hinter einem dicken Schal versteckt. Alle wollen sie heim. Es zieht sie ins Warme, zu denen, die sie lieben. Vielleicht wäre sie auch eine von ihnen, hätte sie einen Ort, den sie Zuhause nennen könnte. Verschwommen erinnert sie sich an so eine Zeit. Lange vergangen. Keine Realität mehr. Ihr jetziges Leben ist ein anderes. Eines, dass diese Menschen nicht verstehen können.

Kaum einer schaut sie wirklich an, erkennt die Schönheit, die sich hinter dem Schmerz verbirgt. Frauen würden sie beneiden. Männer ihr nachschauen. Stattdessen werden ihr abwertende Blicke zugeworfen. Selbst ihre helle, klare Stimme bewegt kaum einen zum Stehenbleiben. Höchstens für einige Sekunden. Auch das Kästchen, unscheinbar vor ihr, bringt keiner zum Klingen. Zu anstrengend ist es, in die Tasche zu greifen, das Portemonnaie zu öffnen und die richtigen Münzen herauszusuchen. Zwei Minuten? Zeit ist wertvoll. Zu kurz, um sie damit zu verschwenden. Genau wie das Geld immer knapp ist. Schwer atmend schleppen sie die großen Kisten aus den Läden. Hieven[1] sie zu zweit in den nagelneuen Wagen. Aber ein Euro aus dem Mantel kramen? Nein! Wieso auch? Es geht nicht um ihr Leben. Lieber flüstern sie hinter vorgehaltener Hand. Für Rumstehen und Singen bekommt man nichts. Man könnte auch putzen. Das kann jeder.

Nein! Aber sie verstehen es nicht. Vielleicht würde sie es auch nicht verstehen, wenn sie Geld hätte. Vielleicht wäre es ihr auch suspekt[2], wie ein fünfzehnjähriges Mädchen hier stehen und singen kann. Keine Schule, keine Arbeit. Nicht, dass sie es nicht wollen würde. Manche Sachen gehen einfach nicht im Leben. Zeit hat sie dafür genug. Und Zeit ist Geld. Denken die Menschen, die das Geld besitzen. Sie denkt das nicht. Zeit ist einfach nur Zeit. Etwas, was an manchen Tagen nicht vergehen will und an

1 hieven: schwer heben
2 suspekt: verdächtig, merkwürdig

anderen an einem vorüberzieht. Wie der Wind. Manchmal langsam, manchmal schnell. Im Sommer ist es schöner, wenn die Zeit an einem vorbeitrottet, anstatt zu rennen. Es ist warm und gemütlich. Die Schatten werden langsamer, heller und haben mehr Zeit. Schließen die Augen. Lauschen. Auf einmal können sie zuhören.

Aber jetzt. Jetzt wünscht sie sich, dass sie sprinten würde. An solchen Tagen bleibt sowieso keiner stehen. Nichts Neues für sie.

Damals, als sie noch wusste wohin. Als sie noch jemanden hatte, dem sie sich anvertrauen konnte. Jemanden, der sie in den Arm nahm und tröstete. Zu dieser Zeit hätte sie nie gedacht, dass sie in der Zukunft hier stehen würde. Dort, wo ihre Mutter immer schnell vorbeigegangen war. Kein Blick nach links, keiner nach rechts. Bloß keine Zeit verschwenden, bloß kein Aufwand. Zu dieser Zeit war sie noch zu klein, um das zu hinterfragen. Aber jetzt? Sie erinnert sich bloß noch an die tollen Sachen, die ihr hier gekauft wurden. In den Läden, die sie jetzt nur noch von außen sieht. Die heiße Schokolade mit Sahne, die sie immer getrunken hatte, und die Zeit, die sie alleine mit ihrer Mutter verbringen durfte.

Nur noch die schönen Dinge bleiben im Gedächtnis der Menschen hängen. Deshalb erinnert sie sich auch kaum daran, wie auf einmal alles vorbei war. Alles weg. Ihr ganzes Leben von Trauer geprägt. Keiner, der sie rettete, niemand, der ihr Halt gab. Diese Dinge wollen die Menschen vergessen und durch bessere Erinnerungen ersetzen. Und deshalb werden sie auch sie vergessen, weil sie nichts Schönes ist. Etwas, was sie traurig machen könnte. Die Stimmung beim Essen ruiniert. Sie ist jemand, dessen Leben nicht so ansehnlich ist wie ihr eigenes. Sie sehen nicht, was für ein Glück sie haben, sondern suchen nach den schlechten Dingen, die sie sowieso wieder vergessen werden.

„Du singst schön", die Frau vor ihr schaut sie freundlich an. In ihrem Anzug sieht sie edel aus. Vermögend, wie eine von denen, die sie normalerweise nicht einmal wahrnehmen, weil sie zu gestresst auf ihren Telefonen herumtippen.

„Vielen Dank", sie wartet darauf, dass die Frau wieder weitergeht, verschwindet so wie alle anderen und sie vergisst. Aber das tut sie nicht, die Frau sieht sie an und hört ihr zu, ignoriert den Wind, der sie umspielt, die Kälte, die andere zum Zittern bringt. Fünf Mal formt sie dieselben Worte, lässt die Töne erklingen. Jetzt singt sie nicht mehr für die Schatten, jetzt singt sie für eine Person. Ihre Stimme wird lauter, kräftiger und erfüllt nun die ganze Straße. Zu der Frau gesellen sich mehrere Menschen, trotz des Wetters, trotz der Uhrzeit. Die Dunkelheit umgibt sie, aber das macht nichts. Sie spürt, wie die Menschen ihr zuhören, wirklich zuhören. Ihre Stimme lässt sie vergessen, wohin sie wollen, was sie machen und warum, verzaubert sie, lässt die Zeit fliegen. Sie beginnen zu verstehen, auf jeden Fall glaubt sie das. Ihre Augen wirken, als ob sie es versuchen würden, als ob sie endlich verstehen würden, wieso sie hier steht, wieso sie nicht putzt, wieso Zeit für sie kein Geld ist und sie keine Eile hat. Freude erfüllt sie zum ersten Mal, seit langem spürt sie wieder etwas wie Glück. Hoffnung, die sich in ihr ausbreitet. Die letzten Töne gehen im Beifall unter. Tatsächlich applaudieren die Menschen und bringen ihr Kästchen zum Klingen.

Dann sind sie alle wieder weg. Gehen ihren Weg, lösen sich auf, wie Schatten in der Dunkelheit. Nur die Frau steht noch da, völlig fehl am Platz sieht sie aus, als ob sie vergessen hätte, wo sie eigentlich hinmuss. „Bist du fertig für heute?", fragt sie. Ihr Lächeln löst eine Wärme in ihr aus, die sie nicht definieren[3] kann. Aufgeregt nickt sie. „Gut, dann lass uns doch etwas essen gehen. Ein Mädchen in deinem Alter sollte nicht nur aus Haut und Knochen bestehen", die Frau tritt auf sie zu und nimmt sie vorsichtig an der Hand. Lange hat sie sich nicht mehr so wohl gefühlt, so geliebt und so

3 definieren: bestimmen

vertraut wie an diesem Tag. Vielleicht würde diese Frau ihr Leben verändern, vielleicht würde sie irgendwann wieder eine von denen sein, die heiße Schokolade mit extra Sahne trinken oder vielleicht würde sie morgen wieder an ihrem Platz stehen und dieselben Töne erklingen lassen. Über morgen nachzudenken war, wie ihre Zukunft zu planen. Sinnlos.

Diese Kompetenzen sind gefragt

Kreuzen Sie an, wie Sie sich einschätzen.

Kompetenzen	Das kann ich sehr gut	Das kann ich	Das kann ich teilweise	Das trainiere ich
eine Kurzgeschichte analysieren				
- die Handlung der Geschichte deuten				
- die Situation der Figuren (Ort, Zeit, Stimmung) beschreiben				
- das Verhalten der Figuren (Gründe, Ziele) analysieren				
- die Ausdrucksweise der Figuren (verbal und nonverbal) beschreiben				
- die Beziehungen zwischen den Figuren analysieren				
- die Figuren charakterisieren				
einen Dialog schreiben				
- die direkte Rede passend zu den Charakteren formulieren				
- die Motive und Informationen der Kurzgeschichte aufgreifen				
- fehlende Angaben zu Personen und Umständen sinnvoll ergänzen				
- kurze Regieanweisungen zum Verhalten der Figuren, zu Zeit und Ort des Geschehens verfassen und an passenden Stellen einfügen				
Gesprächsziele und mögliche Lösungen entwickeln				
- die Gesprächsabsichten der Figuren im Dialog herausarbeiten				
- die Konflikte zwischen den Figuren aufgreifen				
- ein nachvollziehbares Ende für die Gesprächsszene schreiben				
die Ausarbeitung im Hinblick auf sprachliche Richtigkeit überarbeiten				

Die Kurzgeschichte analysieren

1 *Lesen Sie die Kurzgeschichte mithilfe einer Lesetechnik (z.B. Lesekarte, Seite 6).*

2 *Beantworten Sie W-Fragen zum Text:*

a) Wer handelt in der Geschichte? Wer sind die Hauptfiguren?

b) Was geschieht in dieser Geschichte?

c) Was haben die Hauptfiguren am Ende der Geschichte vor?

3 *Beantworten Sie die Fragen zu dem Mädchen auf einem gesonderten Blatt:*

- Wie alt ist das Mädchen?
- Wie sieht sie aus? Welche Kleidung trägt sie?
- Wo befindet sie sich? Was tut sie dort?
- Wie reagieren die Menschen auf sie, bevor die Frau kommt?
- Wie fühlt sie sich dabei?

4 *Beschreiben Sie, wie sich die Situation verändert, als die Frau dazukommt.*

5 *Untersuchen Sie, wie die beiden teils mit Worten, teils mit Gesten und Blicken aufeinander reagieren. Ordnen Sie jeder Figur mindestens fünf passende Adjektive aus der Liste zu. Nutzen Sie dazu* GUT ZU WISSEN *„Figuren charakterisieren“ von Seite 43.*

Sie (das Mädchen)	die Frau
wortgewandt – schüchtern – einfühlsam – freundlich – zurückhaltend – hilfsbereit – anerkennend – abweisend – verständnisvoll – misstrauisch – hoffnungsvoll – einfach – direkt – höflich – aufgeregt	

6 *Am Ende der Kurzgeschichte befindet sich das Mädchen in einem Zwiespalt. Beschreiben Sie diesen kurz in eigenen Worten.*

Den Dialog vorbereiten

1 *Die Frau hat das Mädchen zum Essen eingeladen. Welche Motive könnte die Frau haben, sich um das Mädchen zu kümmern? Wer könnte sie sein? Überlegen Sie sich zwei mögliche Szenarien.*

____

____

____

____

2 *Beschreiben Sie, wie das Mädchen in den beiden Versionen aus Aufgabe 1 reagieren könnte.*

____

____

____

Den Dialog schreiben

1 *Im Restaurant kommen die beiden ins Gespräch. Kreuzen Sie an, welche Dialoganfänge jeweils dem Charakter des Mädchens und der Frau sowie der Situation entsprechen.*

Das Mädchen beginnt:	Die Frau beginnt:
☐	☐
„Vielen Dank für die Einladung. Ich habe seit Tagen nichts Warmes mehr gehabt. Ein Kakao wäre super.“	„Wie heißt du? Wir sollten unbedingt deine Eltern anrufen. Wissen die eigentlich, dass du dich auf der Straße herumtreibst?!“
☐	☐
„Ey, ist ja echt cool hier.“	„Sorry, da kommt gerade ein wichtiger Anruf rein. Bestell dir, was du willst, und mir ’ne Cola, ok?“
☐	☐
„Warum machen Sie das?“	„Das ist mein Lieblingscafé. Gefällt es dir hier?“

2 *Wie könnten sich das Mädchen und die Frau beim Sprechen in Aufgabe 1 verhalten? Welche Gestik und Mimik könnten ihre Aussagen verstärken? Ergänzen Sie in der Tabelle von Aufgabe 1 passende Regieanweisungen auf den farbigen Feldern.*

3 *Notieren Sie in Stichworten Ihre Ideen, wie sich das Gespräch weiterentwickeln und wie es enden könnte. Beziehen Sie die Aussage zu dem Mädchen „Vielleicht würde diese Frau ihr Leben verändern.“ (Z. 81) in Ihre Überlegungen mit ein.*

____

____

____

4 *Schreiben Sie den Dialog zwischen der Frau und dem Mädchen in direkter Rede auf ein gesondertes Blatt. Ergänzen Sie passende Regieanweisungen in Klammern.*

GUT ZU WISSEN | **Einen Dialog mit Regieanweisungen schreiben**

Ein Dialog ist ein **Wechselgespräch** zwischen zwei Personen, er besteht aus **direkter Rede** und **Gegenrede.** Ein Dialog sollte so verfasst werden, dass man die Sprechenden „wiedererkennt“, d.h., ihre Sprache muss zu ihrem Verhalten, ihrem Charakter und ihrer Stimmung in der Situation passen. Dafür ist es wichtig, dass Sie Hinweise aus der Kurzgeschichte über die Personen aufgreifen. Sie können **inhaltliche Ergänzungen** vornehmen, soweit sie sich aus den Figuren und den Umständen ableiten lassen.
Die Sprechenden verfolgen meist eine bestimmte **Absicht**; dafür müssen sie sich gut auf ihre Gesprächspartner einstellen. Ein Dialog gibt – obwohl er niedergeschrieben wird – einen Wortwechsel in **mündlicher Sprache** wieder.

Regieanweisungen in den Dialogen geben Auskunft darüber, **wie** etwas gesagt wird. Sie können Mimik, Gestik oder Handlungen der Sprechenden beschreiben oder wichtige Angaben zu Zeit und Ort des Gesprächs ergänzen. Sie werden in Klammern vor der direkten Rede vor den Doppelpunkt geschrieben oder nach einem Sprechbeitrag eingefügt wie in den Beispielen:

Das Mädchen (rührt mit dem Löffel im Kakao): Warum hast du mich eingeladen?
Die Frau: Ich weiß noch nicht. (Beide schweigen.)

Den Dialog überarbeiten

Überprüfen und überarbeiten Sie Ihren Dialog.
Beachten Sie dabei den „Check: Textrevision“ auf der hinteren Umschlaginnenseite.
Berücksichtigen Sie auch das Kapitel „Extra: Richtig schreiben“ ab Seite 75.

So schätze ich mich jetzt ein

Füllen Sie den Kompetenzcheck dieses Kapitels erneut aus. Können Sie Veränderungen im Vergleich zum letzten Mal feststellen?

Teil 2: Vertiefen und üben

Die Aufgabe

- Lesen Sie die Kurzgeschichte „Die erste Kundin“ von Ines Melissa Nickenig.
- Am nächsten Morgen kommt die Frau wieder in den Buchladen. Die junge Aushilfe erkennt sie sofort und bietet ihr erneut eine Beratung an. Die Frau stimmt zu. In der Leseecke, die um diese Tageszeit menschenleer ist, führen die beiden ein Gespräch. Verfassen Sie den Dialog. Verwenden Sie direkte Rede und Regieanweisungen.

Ines Melissa Nickenig: Die erste Kundin (2013)

Mechanisch zog die Frau ein Buch aus dem Regal, aber nur gerade so weit, dass sie einen Blick auf das Cover werfen konnte, bevor sie es mit dem kaum vernehmbaren Geräusch der aneinander schleifenden Buchdeckel wieder zurück an seinen Platz schob. Danach griff sie nach dem nebenstehenden Buch, zog es aus dem Regal, warf einen kurzen Blick darauf, stellte es wieder zurück.

Etwa hundert Buchrücken weiter links stand ich und sortierte Neuerscheinungen ein. Ein typischer Job für eine Aushilfskraft. Die Frau sah nur ein paar Jahre älter aus als ich. Vielleicht konnte ich ihr weiterhelfen. Gleich am ersten Tag ein Exemplar zu verkaufen, machte bestimmt einen guten Eindruck.

Ich schielte möglichst unauffällig zu ihr herüber. Sie hatte ihre Hetzjagd durch die Regale kurzzeitig beendet und las sich nun die Rückseite eines roten Taschenbuches durch. Ihre Augen schienen sich dabei nicht zu bewegen. Meine Chance! Das Buch kannte ich. Ich strich meine neue Bluse glatt, setzte ein strahlendes Verkäuferinnenlächeln auf und drehte mich zu ihr um.

„Kann ich Ihnen behilflich sein?“ Sie blieb wie versteinert stehen, bevor sie das Buch hastig zurück an seinen Platz stellte.

„Nein, danke.“ Mit einem angedeuteten Lächeln wandte sie sich ab. Es waren wohl die zwei häufigsten Wörter, die eine Verkäuferin täglich zu hören bekam.

Schade. Ich fuhr fort, die Bücher einzuräumen. Ein paar fielen mir aus der Hand.

Die Frau eilte mir zu Hilfe. „Vielleicht können Sie mir doch helfen, ich habe nämlich heute meine Brille vergessen.“

„Klar, kein Problem.“ Ich legte die Bücher beiseite. „Was suchen Sie denn?“

„Ich bin wegen meiner Tochter hier. Sie geht in die erste Klasse und ich möchte mit ihr Deutsch üben.“

„Okay, dann haben Sie sich im Regal vertan. Hier sind die Kinderbücher, aber die Schulbücher sind gleich da drüben.“

„Wie gesagt, ich habe heute meine Brille vergessen.“ Ohne Brille musste sie wirklich verloren sein. Hoffentlich passierte ihr das nicht öfter.

Ich führte sie zu den gesuchten Büchern. Über jedem Regal stand in großen blauen Lettern[1] das Genre[2]. Außer einer Mutter, die mit ihrem kleinen Sohn in einem Buch mit Traktoren blätterte, war die Kinderabteilung leer. Von Grundschulbüchern hatte ich nicht den blassesten Schimmer.

„Dann hole ich mal meine Kollegin“, sagte ich und wandte mich ab.

„Wieso?“, kam es sofort zurück.

„Ich bin nur eine Aushilfe und habe heute meinen ersten Arbeitstag. Ich kann Sie nicht professionell beraten.“

1 die Lettern: die Buchstaben
2 das Genre: die Art, die Gattung

„Versuchen Sie sich doch einfach mal."

„Was genau suchen Sie denn?"

„Etwas für die erste Klasse, um lesen und schreiben zu lernen."

Mein Blick huschte über die Buchrücken. Von der Grundschule bis zum Abitur stand alles kompakt[3] in zwei Regalen. Ratlos stand ich davor und suchte die Titel nach etwas Passendem ab. Ich fand ein vielversprechendes Arbeitsheft.

„Das könnte Ihren Vorstellungen entsprechen." Sie nahm das Heft entgegen und schlug es auf. Jede Seite behandelte einen Buchstaben des Alphabets, den man in große Kästchen schreiben sollte. Zusätzlich waren Gegenstände oder Tiere abgebildet, die den jeweiligen Buchstaben am Anfang in ihrem Namen trugen.

Ich malte mir bereits aus, wie das Heft an der Kasse eingescannt wurde und meine erste Kundin bezahlte, als ich bemerkte, dass ihr Blick auf der Mutter und dem Sohn mit dem Traktorbuch ruhte. Sie hatten es sich auf der Bank neben der Rutsche bequem gemacht. Die Mutter las und der Junge zeigte mit seinen kleinen Fingern auf die Bilder im Buch.

„Okay. Dankeschön. Ich denke, ich komme dann zurecht", sagte sie nach einer Weile.

Ich verabschiedete mich und ging zurück, um die Kinderbücher einzusortieren.

Sie blätterte noch ein wenig und ging zur Kasse. Ich schaute ihr nach. Vor ihr an der Kasse standen zwei weitere Kunden. Plötzlich schien sie es eilig zu haben. Immer wieder schaute sie zum Eingang. Sie kramte ihr Portemonnaie aus der Tasche und zählte das Geld ab. Wie hatte sie das Preisschild lesen können, wo sie doch ohne Brille offenbar fast blind war? Sie nahm die Tüte entgegen, als ihr ein kleines Mädchen freudig entgegensprang.

„Guck mal Mama, die Brezel habe ich ganz alleine gekauft. Da war sooo eine riesige Schlange beim Bäcker." Sie streckte ihre Arme so weit aus, wie es ihr möglich war, und hielt ihrer Mutter danach die Brezel unter die Nase.

„Super, Schatz, siehst du, du kannst schon alleine einkaufen."

„Und was hast du gekauft?", sagte das Mädchen.

Bevor die Mutter antworten konnte, hatte sich die Tochter die Einkaufstüte geschnappt und das Heft herausgezogen. Kurz bevor sie den Laden verließen, sagte das Mädchen: „Aber Mama, das ist ja für Babys. Ich bin doch schon in der dritten Klasse."

3 kompakt: dicht nebeneinander

Richtig schreiben

Jedes Kapitel dieses Arbeitsheftes führt Sie Schritt für Schritt bis zur Lösung einer Prüfungsaufgabe, für die Sie einen entsprechenden Aufsatz schreiben. Ihre Ergebnisse sollten Sie nicht nur inhaltlich mithilfe des Lösungsbeilegers, sondern auch hinsichtlich der Rechtschreibung und Zeichensetzung überprüfen, z.B. mit einem Wörterbuch (vgl. dazu auch die Hinweise auf Seite 6).

Es ist hilfreich, wenn Sie Ihre Fehlerquellen analysieren und so Ihre Fehlerschwerpunkte kennenlernen. Auf dieser Grundlage können Sie gezielt bestimmte Themenbereiche üben und zukünftig Fehler vermeiden.

Eigene Fehlerschwerpunkte erkennen

1 *Analysieren Sie Ihre Fehler.*

a) Untersuchen Sie die Korrekturen und Rückmeldungen zu den letzten Tests, Klassenarbeiten, Hausaufgaben o. Ä.

b) Tragen Sie Ihre Fehler in die entsprechende Spalte der Diagnose-Tabelle ein.

Fehlerbereich	Anzahl der Fehler
Rechtschreibung	
Groß- und Kleinschreibung:	
– Satzanfänge *(**A**m Satzanfang schreibt man groß.)*	
– Nomen und Eigennamen *(das **H**aus, **A**nna)*	
– Nominalisierungen *(aufs **N**eue, das **S**chreiben)*	
– höfliche Anrede *(**S**ie, **I**hr, **I**hnen)*	
– Tageszeiten, Wochentage *(**h**eute **A**bend, **a**bends, am **M**ontagmorgen, **m**ontags)*	
Schreibung von das und dass *(**Dass** die Anforderungen gewachsen sind, **das** kann niemand bestreiten.)*	
Schreibung des s-Lauts *(die Na**s**e, der Flu**ss**, der Fu**ß**)*	
Schreibung des kurzen und langen i-Lauts *(w**ie**der, der W**i**dder, w**i**der, die Masch**i**ne)*	
Zusammen-/Getrenntschreibung *(Die Prüfung ist ihm **schwergefallen**. Er ist auf der Treppe **schwer gefallen**.)*	
Fremdwörter/Fachbegriffe *(die Hygiene, das Feedback, parallel)*	
sonstige Wörter, die mir schwerfallen	
Zeichensetzung	
Komma bei Aufzählungen	
Komma zwischen Haupt- und Nebensatz	
Komma bei Infinitivgruppen	
sonstige Zeichensetzung, die mir schwerfällt	

Rechtschreibstrategien anwenden

2 *Überprüfen Sie Ihr Vorwissen. Notieren Sie Strategien, die Sie kennen.*

____

____

____

Sprechschwingend schreiben

Manche Wörter schreibt man so, wie man sie ausspricht. Dabei hilft es, Silbe für Silbe des Wortes zu sprechen.

Beispiele: ge – sche – hen   zu – sam – men – fas – sen

3 *Sprechen Sie die folgenden Wörter laut Silbe für Silbe und fügen Sie Trennstriche zwischen den Silben ein.*

kommentieren – Krepppapier – Gesellschaft – bekümmert – Kontrolle – Kunststoff

Prüfungsaufgaben – Bearbeitungszeit – vorbereiten – reflektieren

Wörter verlängern

Konsonanten klingen manchmal ähnlich. Durch das Verlängern eines Wortes wird deutlich, ob man d oder t, b oder p, g oder k schreibt.

Beispiele: *der Ran**d** – die Rän**d**er, schlech**t** - schlech**t**er, er glau**b**t – glau**b**en, sie sto**pp**t – sto**pp**en, kar**g** – eine kar**g**e Landschaft, das Par**k**haus - par**k**en*

4 *Notieren Sie die fehlenden Buchstaben, indem Sie die Wörter oder Wortteile verlängern.*

a) Ergänzen Sie d oder t, b oder p, g oder k.

b) Schreiben Sie die Verlängerungen in die Klammer.

der Verban____ (____________________), die Schul____ (____________________)

kran____ (____________________), en____gültig (____________________)

passen____ (____________________), plum____ (____________________)

der Kontoauszu____ (____________________), der Kor____ (____________________)

5 *Manchmal erkennt man die Bedeutung eines Wortes nur an der Endung. Erklären Sie die unterschiedliche Schreibweise der Verben im Präteritum:*
Er sang ein Lied. Das Schiff sank.

____

____

Wörter ableiten

Durch das Ableiten von Wörtern lassen sich Zweifel im Hinblick auf die Rechtschreibung ausräumen. So wird z.B. deutlich, ob ä/e oder äu/eu geschrieben wird. Findet sich ein verwandtes Wort mit a oder au, wird ä oder äu geschrieben. Gibt es kein verwandtes Wort mit a oder au, schreibt man e oder eu.
Beispiele: *der Apfel f**ä**llt vom Baum – f**a**llen;* aber: *es f**e**hlt Salz in der Suppe – f**e**hlen; das Gel**äu**te der Glocken - der L**au**t;* aber: *die L**eu**te hören zu*

6 ***Streichen Sie die falsche Schreibweise durch und notieren Sie ein verwandtes Wort, von dem Sie auf die richtige Schreibweise schließen.***

wechst / wächst ______________________, tregt / trägt ______________________

bemengeln / bemängeln ______________________, schwetzen / schwätzen ______________________

Seure / Säure ______________________, Nehe / Nähe ______________________

Streucher / Sträucher ______________________, treumen / träumen ______________________

Wortbausteine richtig schreiben

Viele Wörter sind aus mehreren Teilen zusammengesetzt: dem Wortstamm und anderen Wortbausteinen. Den Wortstamm schreibt man in der Regel gleich.
Beispiele: Wortstamm *fühl: Ge**fühl**, **fühl**en, ge**fühl**skalt*

7 ***Notieren Sie weitere Wörter mit dem Wortstamm „fühl".***

____

____

8 ***Notieren Sie passende Wörter um die Wortstämme.***

____________ ____________

____________ ____________ ____________ ____________

leeren **leer** **lehr** Lehrling

____________ ____________ ____________ ____________

9 ***Erläutern Sie den Unterschied zwischen*** Leerstelle ***und*** Lehrstelle.

____

____

Regelwissen anwenden

Hier finden Sie weitere Regeln und Hinweise zur Rechtschreibung, die Sie kennen sollten, um in Ihren Texten Fehler zu vermeiden:
Regel 1: Wörter mit einem langem Vokal vor l, m, n und r schreibt man oft mit einem Dehnungs-h.
Beispiele: *der L**o**h**n**, bez**a**h**l**en, die St**u**hl**l**e**h**n**e*

Regel 2: Wörter mit kurzem i-Laut (vor zwei Konsonanten oder Doppelkonsonanten) schreibt man häufig mit i, Wörter mit langem i-Laut mit ie. Es gibt jedoch viele Ausnahmen.
Beispiele: *w**ie**der* (Bedeutung: noch einmal), *wider* (Bedeutung: dagegen), *der Widder, das B**i**ld, die Masch**i**ne*

Regel 3: Nach einem kurzen Vokal steht ss. Nach einem langen Vokal steht ß (stimmlos) oder s (stimmhaft). Das s nach langem Vokal bleibt bei allen Wörtern einer Wortfamilie bestehen.
Beispiele: *die N**as**e, die Str**aß**e, der K**uss**, bew**eis**en / der Bew**eis***

Regel 4: Wortgruppen mit *sein* schreibt man immer getrennt.
Beispiele: *da sein, dabei sein, aus sein*

Regel 5: Ergibt sich durch die Verbindung von Adjektiv und Verb eine neue Gesamtbedeutung, schreibt man zusammen.
Beispiele: *Die Prüfung ist ihm **schwergefallen***. Aber: *Er ist gestern **schwer gefallen.***
*Die Frage wird **offenbleiben***. Aber: *Das Fenster soll **offen bleiben***.

Regel 6: Nominalisierungen werden großgeschrieben.
Beispiele: *lesen – das **L**esen, schreiben – beim **S**chreiben, nachmachen – zum **N**achmachen; schwierig – etwas **S**chwieriges, wichtig – nichts **W**ichtiges; gut – alles **G**ute*

Wichtige Regeln der Zeichensetzung anwenden

Das Komma bei Aufzählungen

Aufzählungen können aus **Wörtern, Wortgruppen** oder **Sätzen** bestehen. Die Teile einer Aufzählung, die nicht mit *und, oder, beziehungsweise, entweder – oder, sowohl – als auch, sowohl – wie, weder – noch, nicht – noch* verbunden sind, werden durch Komma abgetrennt.
Beispiele: *Sie ist **motiviert**, **interessiert**, **aufgeschlossen und offen** für alles.*
*Kannst du mir das **heute Abend**, **morgen früh oder am Abend** bestätigen?*
*Wir denken **sowohl an den neuen Auftrag und die damit verbundene Arbeit als auch an die zu erwartenden Gewinne**.*

Das Komma zwischen Haupt- und Nebensätzen

Nebensätze werden durch Komma vom Hauptsatz getrennt. Die Nebensätze können vor dem Hauptsatz stehen oder danach. Sie können auch in diesen eingebettet sein.
Beispiele (die Nebensätze sind unterstrichen):
Wenn ich rechtzeitig zum Termin kommen will, muss ich den frühen Zug nehmen.
Ich muss den frühen Zug nehmen, wenn ich rechtzeitig zum Termin kommen will.
Ich muss, wenn ich rechtzeitig zum Termin kommen will, den frühen Zug nehmen.

Das Komma bei Infinitivgruppen

Die **Infinitivgruppe** wird mit Komma vom Hauptsatz getrennt, wenn ...
- sie mit *um, ohne, anstatt, statt, außer, als* eingeleitet wird.
  Beispiele:
  Ohne auf die Anregungen der anderen ein**zu**gehen, beendete er das Projekt letzte Woche.
  Er beendete das Projekt letzte Woche, **ohne** auf die Anregungen der anderen ein**zu**gehen.
  Er beendete das Projekt, **ohne** auf die Anregungen der anderen ein**zu**gehen, letzte Woche.
- ein **hinweisendes Wort** im Hauptsatz diese ankündigt. Hinweisende Wörter sind: *daran, damit, es*.
  Beispiele:
  Er dachte nicht **daran**, auf die anderen ein**zu**gehen.
  Er liebt **es**, selbstständig **zu** arbeiten.
  Wir haben ihm **damit** gedroht, die nächsten Projekte ohne ihn durch**zu**führen.
- sie von einem **Nomen im Hauptsatz abhängt**.
  Beispiel: Wir gaben ihm den **Rat**, das nächste Mal in Ruhe **zu** überlegen.

Infinitivgruppen (Infinitiv + zu + mindestens ein weiteres Wort), auf welche die oben genannten Fälle nicht zutreffen, können durch ein Komma abgetrennt werden. Man darf aber auch auf das Komma verzichten.
Beispiel:
Es gefällt uns, mit anderen zusammenzuarbeiten.
Es gefällt uns mit anderen zusammenzuarbeiten.

1 *Achtung, Fehler! Setzen Sie in dem folgenden Text die Kommas und begründen Sie diese mit der passenden Regel auf den rechten Schreiblinien.*

Unsere Prüfung steht bald bevor. Wenn ich ______________________

erfolgreich sein will brauche ich eine gute Strategie. ______________________

Anstatt Däumchen zu drehen bereite ich mich ______________________

mehrmals in der Woche auf die Fächer Deutsch ______________________

Mathematik und Englisch vor. Ich lerne sowohl ______________________

morgens als auch nachmittags. Ich habe kein ______________________

Problem damit die nächsten Wochen weniger Zeit ______________________

mit meinen Freunden zu verbringen da ich mir sicher ______________________

bin dass ich mit meiner Vorbereitung eine gute ______________________

Prüfung ablegen werde. ______________________

Texte, die im Quellenverzeichnis mit Sternchen (*) gekennzeichnet sind, wurden aus didaktischen Gründen gekürzt.

Textquellen: S. 6: Dirschedl, Carlo: Lesekarte. Nach: Drommler, Rebecca u. a. In: Becker-Mrotzek, Michael / Kusch, Erhard / Wehnert, Bernd (Hrsg.): Leseförderung in der Berufsbildung. Kölner Beiträge zur Sprachdidaktik. Reihe A, Heft 2/2006. Gilles & Francke Verlag, Duisburg, S. 52f.; **S. 7:** Harms, Sigrid / Trumpf, Steffen (2019): Finnen sind am glücklichsten, Deutsche etwas unglücklicher (*). © dpa Deutsche Presse-Agentur GmbH, Hamburg; **S. 17:** Kampmann, Sandra (2019): Erlebniszoos (*). © Sandra Kampmann, Bergisch Gladbach; **S. 19:** Blees, Christian (2019): Die Zukunft des Bargelds – Cash me if you can (*). Beitrag der Sendung „Zeitfragen" vom 4.8.2020, Deutschlandfunk Kultur; Deutschlandradio, Köln; **S. 33:** Rutkowski, Matthias (2020): Hört auf, euch selbst zu optimieren! (*). Kommentar vom 4.4.2020, Handelsblatt Online, Handelsblatt GmbH, Düsseldorf; **S. 35:** Birkholz, Jörn (2019): Die Sonne, die uns täuscht. In: ders., Der Obermieter. Erzählungen. Kulturmaschinen Verlag, Hamburg, S. 13-16; **S. 47:** Glavinic, Thomas (2009): Das Leben der Wünsche (Auszug). Carl Hanser Verlag, München, S. 9-13; **S. 49:** Kaléko, Mascha: Sozusagen grundlos vergnügt. In: Gisela Zoch-Westphal (Hrsg.) (1977): In meinen Träumen läutet es Sturm. Deutscher Taschenbuch Verlag, München, S. 70; **S. 56:** Fried, Erich: Spiegel. In: Kaukoreit, Volker / Wagenbach, Klaus (1977): Erich Fried. Gesammelte Werke. Band 3: Gedichte. Wagenbach Verlag, Berlin; **S. 57:** Gotthelf, Jeremias: Die beiden Ärzte. In: Hunziker, Rudolf / Bloech, Hans (Hrsg.) (1932): Jeremias Gotthelf. Sämtliche Werke. Bd. 24. Kalendergeschichten, Teil 2. Rentsch-Verlag, Zürich; **S. 65:** Fricke, Lucy (2019): Die letzte Rettung. In: Deutsche Bahn (Hrsg.): db mobil, Kundenzeitschrift der Deutschen Bahn, 09/2019, Verlag Territory Content to Results GmbH, Hamburg, S. 56-57. **S. 67:** Schlosser, Theresa (2018): Der helle Schatten. In: Münstermann, Laura / Schimmel, Nina (Hrsg.): ZUKUNFT. Gesammelte Kurzgeschichten junger Autoren. Klaus Münstermann Verlag, Ibbenbüren, S. 101–105. **S. 73:** Nickenig, Ines Melissa (2013): Die erste Kundin. In: Hartz, Cornelius / Kohn, Friederike / Kutzmutz, Olaf / Lange, Kathrin (Hrsg.): Wolfenbütteler Akademie-Texte Band 59. Destillate. Literatur Labor. Bundesakademie für Kulturelle Bildung Wolfenbüttel e.V., S. 70–72.

Bildquellen: S. 7: Shutterstock/tanhu; **S. 8:** © YouGov Deutschland GmbH, Köln; **S. 17:** Shutterstock/Elizaveta Galitckaia; **S. 18:** © YouGov Deutschland GmbH, Köln; **S. 24 oben:** Shutterstock/Monkey Business Images; **Mitte:** Shutterstock/Phovoir; **unten:** Shutterstock/gpointstudio; **S. 25:** Shutterstock/Monkey Business Images; **S. 33:** Shutterstock/4 PM production; **S. 34:** Shutterstock/MSSA; **S. 44:** Shutterstock/Volodymyr Martyniuk; **S. 47:** Shutterstock/A_M_Radul; **S. 49:** Shutterstock/Bachkova Natalia; **S. 56:** Shutterstock/lunopark; **S. 57:** stock.adobe/tauav; **S. 74:** Shutterstock/stockfour

Projektleitung: Uta Kural
Redaktion: Marion Clausen, Berlin
Umschlaggestaltung: vitaledesign, Berlin
Titelfoto: Shutterstock/JoffreyM
Technische Umsetzung: SPi Global

www.cornelsen.de

Dieses Werk berücksichtigt die Regeln der reformierten Rechtschreibung und Zeichensetzung.
Bei den mit R gekennzeichneten Texten haben die Rechteinhaber einer Anpassung widersprochen.

Die Webseiten Dritter, deren Internetadressen in diesem Werk angegeben sind, wurden vor Drucklegung sorgfältig geprüft. Der Verlag übernimmt keine Gewähr für die Aktualität und den Inhalt dieser Seiten oder solcher, die mit ihnen verlinkt sind.

1. Auflage, 3. Druck 2024

Druck: Drukarnia Dimograf Sp. z o.o., Bielsko-Biała

ISBN 978-3-06-452081-3

PEFC-zertifiziert
Dieses Produkt stammt aus nachhaltig bewirtschafteten Wäldern und kontrollierten Quellen
www.pefc.pl
PEFC
PEFC/32-31-076

Lösungen zum Arbeitsheft „Abschlussprüfung Deutsch Berufsfachschule Baden-Württemberg“

Kapitel 1
Eine materialgestützte Stellungnahme schreiben

Seite 10

Das Thema und die Materialien erschließen

Aufgabe 1

1. Die These bewerten und beurteilen: Bin ich dafür oder dagegen?
2. Die Materialien zum Thema lesen und einbeziehen
3. Die Materialien auswerten: Welche Teile/Infos kann ich übernehmen?
4. Eigene Argumente zur Bewertung (ohne Bezug zum Text) formulieren

Aufgabe 2

individuelle Lösung, z. B.: ein Leben ohne Probleme, zufrieden sein, Paradies, schönes Gefühl, Erfüllung von Wünschen (wunschlos sein)

Aufgabe 3

individuelle Lösung, z. B.: Es sind Kleinigkeiten, die uns glücklich machen. (Schwerpunkt auf den Faktoren) Jeder kann ein glückliches Leben führen. (Schwerpunkt auf der Person)

Aufgabe 4

Das Zitat kann unterschiedlich bewertet werden, für die Möglichkeit der Zustimmung:

a) Argument 1: Der Mensch ist ein soziales Wesen, d.h., soziale Kontakte machen ihn glücklich. Argument 2: Eine bewusste Wahrnehmung der Umgebung führt zu einer optimistischen Lebenseinstellung. Das ist Voraussetzung für Glück. Argument 3: Es ist wichtig, aus dem Alltagstrott und der Hektik herauszufinden. Sich Zeit zu nehmen, das schafft Räume für sich. Das macht glücklich.

Seite 11

b)

Argument	Argumentationsstützen
Mensch als soziales Wesen, das soziale Kontakte braucht	Freundschaften, Familie, Partnerschaft
bewusste Wahrnehmung der Umgebung schafft Optimismus	Lachen als Medizin, Freizeit und Natur, Jahreszeiten im Wandel erkennen, Blick für die kleinen Dinge
aus Alltagstrott herausfinden	Zeit für sich nehmen: Lesen und andere Hobbys, Work-Life-Balance

Aufgabe 5

a) individuelle Lösung

b) z. B. Natur, Bildung, Freiräume, Freunde und Familie, Haustiere, Freizeit, Geduld, soziale Sicherheit, sich neu erfinden, Gleichheit, Vertrauen

Seite 12

c) individuelle Lösung, z. B.:

- Glücklich macht das Leben in wunderschöner und sauberer Natur. (3)
- Sehr gute Bildung schafft glückliche Menschen. (4)
- Wer Freiräume findet und schafft, hat Zeit für sich. (2)
- Enge soziale Kontakte sind glücklichen Menschen sehr wichtig. (5)
- Das Fehlen von Neid macht glücklich. Jeder ist wichtig. (7)
- Vertrauen ist Voraussetzung für Glück. (6)
- Geduld und Ausdauer sind Voraussetzungen für Glücksgefühle. (1)

Aufgabe 6

individuelle Lösung, z. B.:

Nr.	Informationen aus Material 1	Zeile	Begründung
1	Fehlen von Neid	28	wichtig, dass niemand bewertet wird, keine sozialen Vergleiche, schafft Vertrauen
2	Vertrauen als Grundlage für Glück	37	schafft Leben ohne Ängste, wichtige Voraussetzung für Glück
3	sehr gute Bildung	6	Bildung schafft soziale Sicherheit, aber auch geistige Flexibilität: beides wichtig, um Glück erfahren zu können
4	Geduld, Ausdauer, Beharrlichkeit	32	Glück fliegt einem nicht zu, jeder ist dafür verantwortlich, Redensart: Jeder ist seines Glückes Schmied.

Seite 13

Aufgabe 7

a) Das Schaubild zeigt, welche Faktoren den Befragten am wichtigsten sind, um glücklich zu sein. Es beantwortet die Frage: Was schafft Glück?

b) Der Text führt aus, warum das finnische Volk als das glücklichste gilt. Genannt werden besonders die „kleinen" immateriellen Dinge des Lebens, die glücklich machen.

Das Schaubild führt die Rangfolge der Glücksfaktoren an. Es enthält eine Mischung aus verschiedenen „großen" (materiellen) und „kleinen" (immateriellen) Faktoren.

c) individuelle Lösung, z. B.: Vier von zehn Faktoren zeigen die Bedeutung der sozialen Kontakte. Häufige Nennung der Gesundheit: Gesundheit kann viel Unterschiedliches bedeuten; wo kann die Grenze zwischen Selbstverständlichkeit und besonderem Glücksempfinden wegen Gesundheit gezogen werden (evtl. in Einleitung oder Schluss verwenden).

Aufgabe 8

individuelle Auswahl aus:

Material 1: wunderschöne Natur, gutes Bildungssystem, Sicherheit, Freiräume schaffen, Kaffee trinken, Freunde und Familie, Haustiere, Fehlen von Neid, Beharrlichkeit, Vertrauen als Grundlage für Glück, sich neu erfinden können, keine Ausgrenzung, Glück muss erworben werden

Material 2: Gesundheit als wichtigster Faktor, große Bedeutung von sozialen Kontakten in Partnerschaft und Familie, Geld, schönes Zuhause, Lebensfreude, Arbeit als unwichtigster Faktor

Seite 14

Die materialgestützte Stellungnahme planen und schreiben

Aufgabe 1

a) und b) individuelle Lösung, z. B.:

Nr.	Argument	Argumentationsstütze
1	bewusste Wahrnehmung der Umgebung; schafft optimistische Sicht	Lächeln als Medizin, Freizeit und Naturerfahrung, Beachtung der kleinen Dinge (Pflanzen, Tiere), Jahreszeiten im Wandel. Vgl. Mat. 1: Haustiere, Erkennen der sauberen intakten Natur
2	sich Zeit nehmen; heraus aus dem Alltagstrott	Hobbys, Zeit für sich haben (Lesen, Musik), Freiräume, Work-Life-Balance. Vgl. Mat. 1: Kaffee trinken, „Hygge" in Dänemark
3	Beharrlichkeit, Geduld und Ausdauer als Voraussetzung	Glück muss erworben werden (Redensart: Jeder ist seines Glückes Schmied), sich neu schaffen, Bildung als Möglichkeit / als Voraussetzung: soziale Sicherheit, geistige Flexibilität
4	Fehlen von Neid, Vertrauen als Grundlage	Glück wächst, wenn man es mit anderen teilt, siehe Beispiel der Finnen. Vgl. Mat. 1: Bescheidenheit, Gleichheit, kein soziales Vergleichen
5	Mensch als soziales Wesen, Bedeutung sozialer Kontakte	Freundschaften, Familie, Partnerschaften. Vgl. Mat. 2: vier von zehn Glücksfaktoren in diesem Bereich

Seite 15

Aufgabe 2

individuelle Lösung, z. B.

a) Material 1: unterschiedlich glückliche Nationen, was empfinden sie als Glück?

Material 2: Es gibt wohl viele unterschiedliche, glücklich stimmende Faktoren.

b) Vor fast 2000 Jahren soll Marc Aurel gesagt haben, dass man zum Glücklichsein nur wenig braucht. Was aber bedeutet Glück und wie kann man es erreichen? Kann man angesichts der Tatsache, dass es viele verschiedene Auffassungen von Glück gibt und dass Menschen, ja sogar ganze Nationen, Glück unterschiedlich wahrnehmen, Marc Aurels allgemeinem Urteil zustimmen?

Seite 16

Aufgabe 3 und 4

Muster:

Vor fast 2000 Jahren soll Marc Aurel gesagt haben, dass man zum Glücklichsein nur wenig braucht. Was aber bedeutet Glück und wie kann man es erreichen? Kann man angesichts der Tatsache, dass es viele verschiedene Auffassungen von Glück gibt und dass Menschen, ja sogar ganze Nationen, Glück unterschiedlich wahrnehmen, Marc Aurels allgemeinem Urteil zustimmen?

Ich glaube schon, dass der Zustand des Glücks für jeden mit einfachen Mitteln erreichbar ist. Es gibt die Redewendung, Lächeln sei die beste Medizin. Das zeigt, dass eine bewusste Wahrnehmung der nächsten Umgebung sich positiv auf die Psyche auswirken kann. Wenn wir in unserer Freizeit die kleinen Dinge beachten und bewusst erleben (zum Beispiel den Wandel der Jahreszeiten, die Pflanzen, die noch so kleinen Tiere), dann schafft das eine optimistische Sicht auf uns selbst und andere. Die Finnen, die als glücklichste Nation gelten, zeigen uns den Weg. Viele geben an, das Zusammenleben mit Haustieren oder das Erkennen der sauberen, intakten Natur mache sie glücklich. Die skandinavischen Völker kennen noch einen weiteren Faktor, der glücklich macht, die Dänen nennen ihn „Hygge“. Dieser Begriff bedeutet, sich Zeit nehmen für sich, z. B. ein Buch lesen, Musik hören – oder Kaffee trinken. Es ist wichtig, immer wieder aus dem Alltagstrott herauszutreten. Wir bezeichnen dieses Verhalten in neuester Zeit als „Work-Life-Balance“. Geld und Arbeit allein machen nicht glücklich.

Allerdings fällt einem das Glück auch nicht zu, man muss es sich immer wieder erwerben. Das Sprichwort „Jeder ist seines Glückes Schmied“ drückt genau das aus. Dazu braucht man Geduld und Ausdauer als Voraussetzung und Bildung. Bildung schafft soziale Sicherheit, ohne die Gleichheit nicht möglich ist. Und man braucht auch geistige Flexibilität, um sein Glück selbst zu suchen. Die Sozialpsychologin Jennifer de Paola von der Universität Helsinki weist genau darauf hin. In Finnland seien alle Menschen gleich, niemand werde ausgegrenzt – und das mache glücklich.

Und Glück wächst, wenn man es mit anderen teilt, sagt ein weiteres Sprichwort. Auch darin können uns die Finnen ein Vorbild sein. In dem Zeitungstext über die glücklichen Finnen (Material 1) ist die Rede von Bescheidenheit und dem Fehlen von sozialem Neid. Glückliche Menschen müssen sich nicht mit anderen vergleichen; da sie glücklich sind, gönnen sie anderen ihr Glück.

Vor allem aber zeigt sich, dass soziale Kontakte wesentlich zum Glücklichsein beitragen (Material 2). In einer Befragung darüber, was sie glücklich mache, nannten im Jahr 2019 32% aller Befragten eine gute Partnerschaft als wichtigen Faktor, 31% sahen ihr Glück in einer intakten Familie. Mit 15% war der Glücksfaktor „Freunde“ immer noch unter den zehn meisten Nennungen vertreten. Das zeigt, dass der Mensch ein soziales Wesen ist, soziale Kontakte machen wohl glücklich.

Betrachtet man alle bisher angeführten Aspekte, die Glück hervorrufen, war bisher von Geld, Macht, Einfluss oder Schönheit nicht die Rede. Vielmehr zeigte sich, dass es die kleinen Lebens- und Verhaltensveränderungen sowie ein leichtes Umdenken sind, die Menschen glücklich machen können. Und zwar jeden. Obwohl 51% der befragten Personen die Gesundheit als wichtigsten Glücksfaktor bezeichnet haben, bin ich darauf nicht eingegangen. Gesundheit ist sicherlich sehr wichtig für unser Glücksempfinden, ich glaube aber, die oben genannten kleinen Glücksfaktoren können – sofern wir nicht gravierend krank werden – unsere Gesundheit und unser Wohlbefinden nicht unerheblich fördern.

Also ziehe ich mein Fazit: „Man braucht nur wenig, um ein glückliches Leben zu führen“, wie schon Marc Aurel vor zwei Jahrtausenden sagte. Daran hat sich bis heute nichts geändert.

Seite 17

Teil 2: Vertiefen und üben

Muster:

Immer wenn ich mit meinen Eltern oder mit meinen Großeltern in Stuttgart oder in Karlsruhe im Zoo war, gab es überfüllte Parkplätze. Ich erinnere mich an lange Warteschlangen am Eingang und Gedränge an manchen Tiergehegen, aber auch an viele glückliche Stunden.
Und trotz ihrer Beliebtheit werden Zoos mehr und mehr in Frage gestellt, für immer mehr Menschen gelten sie als überholt. Stimmt das wirklich? Oder erfüllen Zoos nicht auch heute noch wichtige Funktionen in unserer Gesellschaft?
Ich bin eindeutig der Meinung, dass wir auch heute nicht auf Zoos und Tierparks verzichten können. In vielen Großstädten bilden sie eine Oase der Ruhe mitten in der Stadt. Der Karlsruher Zoo z. B. liegt direkt gegenüber dem Bahnhof mitten im Stadtzentrum. Schlendert man dort von Gehege zu Gehege, kann man die Zeit und die Hektik um sich herum vergessen, beim Betrachten einheimischer oder exotischer Tiere kann man abschalten und zu sich kommen. Nur gedämpft hört man den Straßenlärm und die Geräusche des Alltags.
Viele Schulklassen, Jugend- oder Kindergartengruppen nutzen das Angebot der Zoos, der Besuch von Tierparks ist in viele Ferienprogramme integriert. Für viele Kinder ist solch ein Besuch eine erste Begegnung mit Natur und Tierwelt, übrigens auch mit einheimischen Tieren. Es sind nicht immer nur die spektakulären Tiere, die interessant sind. Diese intensive Beschäftigung mit den Tieren kann auch zum Nachdenken anregen. Mithilfe der Informationstafeln zu den Tieren über ihre Herkunft und Verbreitung sowie ihr natürliches Umfeld wird in vielen Fällen erreicht, dass sich die Besucher Sorgen machen über die wildlebenden Artgenossen und deren Probleme in der freien Natur. So werden die Zoobesucher dazu gebracht, über unsere zu schützende Erde nachzudenken. Was kann ich für den Schutz der Eisbären tun? Warum ist das Nashorn in seiner Existenz gefährdet?
Und wir dürfen nicht vergessen, dass Zoos einen wertvollen Beitrag zum Artenschutz leisten. Zuchtprogramme garantieren, dass vom Aussterben bedrohte Tierarten Nachwuchs bekommen, so z. B. das Afrikanische Breitmaulnashorn oder der Pandabär. In diesem Zusammenhang muss auch erwähnt werden, dass durch die Zerstörung unserer weltweiten natürlichen Lebensräume Zoos für einige Tiere ein letzter Rückzugsraum sind, um zu überleben.
Allerdings bin ich auch der Meinung, dass die bisherigen Zookonzepte überholt sind, weil viele Käfige zu eng und die Lebensbedingungen zu monoton sind. Immer wieder kann man – vor allem bei Raubkatzen – die Folgen dieser Haltung, nämlich Hospitalismus, feststellen.
Aber es gibt inzwischen andere Zoos wie in Gelsenkirchen, Hannover oder Leipzig. Eine neue naturnahe Architektur (z. B. Glaswände statt Gitterstäbe, Gehege statt Käfige) schafft naturnähere Lebensräume. Viele Tiere werden unter einem Motto vereint: Im Afrika-Gehege leben verschiedene Tiere gemeinsam, von Elefanten, Löwen über Giraffen bis zu Nashörnern. Man geht in erster Linie nicht mehr in den Zoo, um einzelne Tierarten zu bestaunen, sondern man will Erlebniswelten erfahren. Aus Zoos werden zunehmend Freizeitparks. So erhält man einen Eindruck von Exotik im eigenen Land.
Natürlich ist das ein weiterer Schritt in eine Erlebnisgesellschaft und natürlich wird auch mit diesen neuen Konzepten Geld mit Tieren verdient, aber ich glaube, dass dennoch die positiven Aspekte überwiegen. Evtl. kommt es durch diese Begegnung mit Exotik im eigenen Land zu einem Rückgang der naturschädlichen Safari-Fernreisen. Damit würden Zoos noch zwei weitere Beiträge zum Schutz unserer Erde leisten: Wild lebende Tiere wären in ihren natürlichen Lebensräumen besser geschützt und die Anzahl der Fernreisen ginge zurück.

(Es kann in der Stellungnahme auch argumentiert werden, dass Zoos heutzutage keine wichtigen Funktionen mehr haben und überholt sind. In diesem Fall muss u.a. darauf eingegangen werden, dass die Tierhaltung dem Tierschutz und damit dem Tierwohl widerspricht und dass auch die Neukonzeptionen ein Leben in Gefangenschaft zur Folge haben. Außerdem ist es unmoralisch, mit der Gefangenhaltung von Tieren Geld zu verdienen. Ein weiteres Argument könnte sein, dass man im Zuge der Reformierung der Tierhaltung in der Landwirtschaft im Sinne der Gleichbehandlung auch vor den Zoos nicht Halt machen kann.)

Kapitel 2
Eine Stellungnahme auf der Grundlage eines Sachtextes schreiben

Seite 21

Das Thema und das Material erschließen

Aufgabe 2

a) und b)

Aussagen aus dem Text	r	f	Zeile (n)	Die Aussage stimmt nicht, weil ...
Paul ist Verkäufer in einem Coffeeshop und verkauft dort das Straßenmagazin „The Big Issue“.		X	5ff.	Paul ein obdachloser Verkäufer einer Straßenzeitschrift ist und nicht im Coffeeshop arbeitet.
Das Abheben von Bargeld kostet in Großbritannien Geld. Viele Menschen leiden darunter.		X	43ff.	das Abheben von Bargeld momentan noch kostenlos ist. Es könnte aber sein, dass es zukünftig etwas kostet.
In Deutschland zeigt sich ähnlich wie in Großbritannien und Schweden der Trend, dass immer seltener mit Bargeld bezahlt wird.		X	54f. und 68ff.	sich in Deutschland der Umlauf des Bargeldes sogar erhöht hat und die Deutschen besonders am Bargeld hängen.
Die Deutschen sehen in der Nutzung von Bargeld einige Vorteile.	X		58ff.	
Eine Umfrage zeigt, dass auch in Deutschland über kurz oder lang immer seltener mit Bargeld bezahlt werden wird.	X		72ff.	

Seite 22

Aufgabe 3

a) und b) individuelle Lösung, z. B.:

Z. 1-3: Das Ende des Bargelds?

Z. 4-20: Bargeldlos bezahlen – immer und überall: Selbst bei Straßenverkäufer Paul kann man bargeldlos bezahlen, weil er an einem Pilotprojekt zum bargeldlosen Bezahlen in London teilnimmt.

Z. 21-33: Der Trend geht in Großbritannien zum bargeldlosen Bezahlen: In den letzten zehn Jahren ist der Gebrauch von Bargeld in Großbritannien um die Hälfte zurückgegangen.

Z. 34-50: Immer weniger Bankfilialen und Automaten: An immer weniger Orten in Großbritannien kann Bargeld abgehoben werden. Es könnte sein, dass es zukünftig sogar kostenpflichtig wird, was für einige Bevölkerungsgruppen ein Problem wäre. Ähnliche Phänomene zeigen sich auch in Schweden.

Z. 51-75: Der deutsche Sonderweg: In Deutschland verhält sich die Situation anders. Die Deutschen hängen am Bargeld und der Umlauf erhöht sich sogar. Eine Umfrage zeigt jedoch, dass der Abschied vom Bargeld in Deutschland schleichend kommt.

Seite 23

Aufgabe 4

Für die Abschaffung des Bargelds spricht, dass ...

- es mittlerweile üblich ist, bargeldlos zu bezahlen.
- bargeldloses Bezahlen mittlerweile in allen Bereichen des Lebens technisch möglich ist.
- man unabhängig von Bankfilialen oder Geldautomaten ist.

Gegen die Abschaffung des Bargeldes spricht, dass...

- bestimmten Bevölkerungsgruppen Nachteile entstehen, vor allem wenn sie keine Möglichkeit haben, digital zu bezahlen.
- es schnell einsetzbar, sicher und einfach in der Handhabung ist sowie allen Bevölkerungsgruppen gleichermaßen zur Verfügung steht.
- beim Bezahlen mit digitalen Bezahlmethoden Daten über Käufer*innen gesammelt und im schlimmsten Fall weitergegeben werden können.

Aufgabe 5

Obwohl die Deutschen am Bargeld hängen, zeigt der Trend, dass auch in Deutschland den elektronischen Bezahlmethoden die Zukunft gehört.

Sich eine Meinung bilden

Aufgabe 1
a) individuelle Lösung, z. B.:
EC-Karte, Kreditkarte, Onlinebanking, mit Smartphone, PayPal, Klarna usw.
b) individuelle Lösung, z. B.:
Vorteile: Man ist von Bankfilialen und Geldautomaten unabhängig. Man muss kein Geld abheben. Digitale Bezahlmethoden sind schnell und unkompliziert. Manche Anbieter bieten einen Käuferschutz an. Es ist kontaktlose Bezahlung möglich. Man hat kein Kleingeld in den Taschen.
Nachteile: Man braucht Datennetz oder WLAN. Man muss sich registrieren oder Konten anlegen. Bei Missbrauch der Kundendaten droht der Verlust großer Summen. Man muss oft volljährig sein, um Bezahlmethoden nutzen zu dürfen.
c) individuelle Lösung

Seite 24

Aufgabe 2
individuelle Lösung, z. B.:
A) Ältere Dame: „Ich weiß doch gar nicht, wie das mit dem elektronischen Bezahlen funktionieren soll. Außerdem wohne ich hier ganz allein und habe keine Hilfe."
B) Schüler, der kellnert: „Na super, das heißt, ich bekomme noch weniger Trinkgeld. Alle, die mit Karte bezahlen, geben sowieso nichts."
C) Kriminalbeamtin: „Es ist zu erwarten, dass die Zahl der Fälle von Kreditkartenbetrug oder gehackten Nutzerkonten jetzt noch weiter zunehmen wird."
D) Kioskbetreiber: „Auf uns kommen schwere Zeiten zu. Die vielen Kinder, die mit ihrem Taschengeld Süßigkeiten oder Sammelkarten bei uns kaufen, bekommen sicher von ihren Eltern keine EC- oder Kreditkarte mit."
E) individuelle Lösung

Seite 25

Aufgabe 3
a) Weitere Argumente für die Abschaffung des Bargeldes:
- Digitales Bezahlen ist schnell und unkompliziert.
- Teilweise ist digitales Bezahlen sicherer, z. B. wenn es einen Käuferschutz gibt.
- Man muss nicht extra Bargeld abheben und hat man die Taschen nicht voller Kleingeld.
- Bargeld geht durch viele Hände und ist schmutzig.

Weitere Argumente gegen die Abschaffung des Bargeldes:
- Verbraucher benötigen einen Internetzugang.
- Bestimmte Berufsgruppen sind auf Trinkgeld angewiesen. Wenn es kein Bargeld mehr gibt, fällt dieses wahrscheinlich geringer aus.
- Digitales Bezahlen ist anfällig für betrügerische Machenschaften.
- In manchen Branchen ist es üblich, in bar zu bezahlen. Den dort tätigen Menschen drohen Verdienstausfälle.
- Man muss sich registrieren oder Konten anlegen.
- Bei Missbrauch der Kundendaten droht der Verlust großer Summen.
- Man muss oft volljährig sein, um elektronische Bezahlmethoden nutzen zu dürfen.

b) individuelle Lösung

Seite 26

Zu den Argumenten des Textes Stellung nehmen

Aufgabe 1
individuelle Lösung

Seite 27

Die textgebundene Stellungnahme schreiben

Aufgabe 1
a) und b)
In der Kurzgeschichte „Die Zukunft des Bargelds – Cash me if you can", die kürzlich im Internet veröffentlicht wurde, schreibt der Autor darüber, dass es in London einen Mann gibt, der bargeldlos Straßenzeitschriften verkauft.
Diese Fehler enthält das Beispiel: Die Textsorte ist falsch benannt: Es handelt sich um einen journalistischen Text. Die Quelle ist zu ungenau: Der Text wurde auf der Internetseite deutschlandfunkkultur.de veröffentlicht. Der Autor ist nicht genannt: Sein Name ist Christian Blees. Das übergeordnete Thema des Textes wird nicht genannt: Der Text thematisiert den zunehmenden Rückgang des Bargeldes.

Seite 28

Aufgabe 2
individuelle Lösung, z. B.: In dem journalistischen Text „Die Zukunft des Bargelds – Cash me if you can" von Christian Blees, der auf der Internetseite deutschlandfunkkultur.de veröffentlicht wurde, geht es um den zunehmenden Rückgang des Bargeldes. Nach einer

kurzen Wiedergabe der Hauptinhalte soll zu den Argumenten des Textes Stellung genommen werden.

Aufgabe 3
Zitatverb: erläutern, anmerken, nennen, argumentieren, äußern ...
Zitatnomen: Feststellung, Meinung, Auffassung, Hypothese ...
Präposition: gemäß, laut, entsprechend ...
indirekte Rede (Konjunktiv): Weltweit sei bargeldloses Bezahlen auf dem Vormarsch.
In London akzeptierten sogar Bettler und Straßenmusiker Kreditkarten. ...

Aufgabe 4
indirekte Rede: Der Gebrauch von Bargeld sei in Großbritannien sehr stark zurückgegangen.
Zitatverb: James Daley erläutert, dass die Bargeldnutzung in den nächsten zehn Jahren auf einen noch viel tieferen Stand absinken wird.
Präposition: Laut Daley treffen diese Gebühren vor allem Menschen mit geringem Einkommen.
indirekte Rede: Bargeld habe Vorteile, die aus Sicht der Verbraucher sehr überzeugend seien.
indirekte Rede: Der Abschied vom Bargeld komme auf leisen Sohlen.

Seite 29

Aufgabe 5
Beispiel 1 enthält überflüssige Details und Wertungen. Die Einleitung nennt nicht deutlich, worum es in dem Text geht. Beispiel 2 liefert alle notwendigen Angaben, damit man sich ein Bild davon machen kann, worum es in dem Text geht. Beispiel 2 ist besser gelungen. Begründung: Es erfüllt den Zweck einer Einleitung und verzichtet auf unnötige Inhalte und Wertungen.

Seite 30

Aufgabe 6
Muster:

Am Beispiel eines Obdachlosen, der in London bargeldlos seine Straßenzeitungen verkauft, macht der Autor des Textes deutlich, dass es in vielen Bereichen des Lebens möglich ist, bargeldlos zu bezahlen, auch wenn man das nicht vermutet hätte. Generell könne man in Großbritannien feststellen, dass der Gebrauch von Bargeld stark abnehme und im Gegensatz dazu digitale Bezahlmethoden auf dem Vormarsch seien. James Daley, der Geschäftsführer der Verbraucherorganisation „Fairer Finance“ schlussfolgert aus dem Trend der vergangenen zehn Jahre, dass Bargeld zukünftig noch weiter an Bedeutung verlieren werde. Auch die Anzahl der Bankfilialen und Geld-Automaten nimmt in Großbritannien weiter ab, so eine Studie, an der Daley beteiligt gewesen ist. Hält dieser Trend an, könnte es zukünftig vielleicht sogar kostenpflichtig sein, Bargeld abzuheben. Dies hätte negative Auswirkungen auf Menschen mit geringem Einkommen, ältere Menschen und all jene, die keinen Zugang zu digitalen Bezahlmöglichkeiten haben.
Deutschland gehe im Gegensatz zu Großbritannien und Schweden, wo es bis 2030 gar kein Bargeld mehr geben soll, einen Sonderweg. In Deutschland erhöhe sich sogar der Umlauf des Bargeldes, so Stefan Hardt, Leiter des Zentralbereichs Bargeld bei der Deutschen Bundesbank. Grund hierfür sei, dass die Deutschen die Vorteile des Bargeldes zu schätzen wüssten. Immerhin sei das Bezahlen in bar sicher, schnell und es würden keine Daten über die Verbraucher gesammelt. Obwohl dies darauf hindeutet, dass Bargeld in Deutschland noch lange eine wichtige Rolle spielen wird, kommt eine Umfrage einer Direktbank zu einem anderen Fazit. Sie geht davon aus, dass Bargeld in Deutschland schleichend an Bedeutung verlieren werde.

Aufgabe 7
a) individuelle Lösung, z. B.:
A: Auch im Hauptteil sollte auf eine sachliche Sprache geachtet werden. Auf Wertungen sollte verzichtet werden. Inhaltlich ist das Argument nachvollziehbar. Man darf nicht vergessen, dass der Straßenverkäufer gut ausgestattet ist, da er an einem Pilotprojekt teilnimmt.
B: Das Argument greift zu kurz. Es ist nicht damit getan, sich kurz mit etwas zu beschäftigen. Gerade älteren Menschen fällt es schwer, sich auf neue Technologien einzustellen. Wenn sie keine Hilfestellungen bekommen, könnten all ihre Bemühungen scheitern.
C: Das Argument ist unvollständig. Es genügt nicht, lediglich etwas zu behaupten und dann den Beleg schuldig zu bleiben. Was ist denn die konkrete Erfahrung des Schreibers?
D: Auch dieses Argument ist unvollständig. Im Text steht, die Behauptung, die Bedeutung des Bargeldes nehme ab, stütze sich auf Umfragen und Studien. Dies ignoriert der Schreiber.
b) individuelle Lösung, z. B.:
A: Es ist nicht möglich, in allen Lebensbereichen auf Bargeld zu verzichten, auch wenn das Beispiel vom Straßenverkäufer Paul uns das glauben machen soll. Im Gegensatz zu ihm ist die überwiegende Mehrheit der Obdachlosen nicht mit einem Kartenlesegerät

ausgestattet und hat keinen Zugriff auf das WLAN. Man darf schließlich nicht vergessen, dass er nur so gut ausgestattet ist, weil er an einem Pilotprojekt teilnimmt.
B: Dem Argument, dass viele Personen Nachteile hätten, wenn es kein Bargeld mehr gäbe, kann man absolut zustimmen. Man denke nur einmal an eine ältere, alleinlebende Person, die über keinen Internetanschluss verfügt. Ohne Hilfe könnte sie es schwer haben, sich auf digitale Bezahlmethoden einzustellen.
C: Die Behauptung, dass Bargeld sehr viele Vorteile im Vergleich zu elektronischen Bezahlmethoden hat, ist meines Erachtens mittlerweile überholt. Es gibt etliche digitale Bezahlmethoden, die es erlauben, schnell und sicher zu bezahlen. Sollte es zu einem Missbrauch kommen, erhält man unkompliziert sein Geld zurück.
D: Dem Argument, dass elektronische Bezahlmethoden in Deutschland auf dem Vormarsch sind, kann man uneingeschränkt zustimmen. Neben der Tatsache, dass die Aussage im Text durch Umfragen und Studien belegt ist, kann man auch im Alltag beobachten, dass immer mehr Menschen elektronisch bezahlen, selbst kleine Beträge.

Seite 31

Aufgabe 8

Muster:

Ein generelles Verbot von Bargeld in Deutschland macht sicherlich keinen Sinn. Weshalb dies so ist, soll anhand der folgenden Argumente dargelegt werden.
Durch einen so großen Einschnitt in den Alltag der Menschen wären große Teile der Bevölkerung benachteiligt. Im zugrundeliegenden Text wird dieses Problem zumindest angeschnitten, wenn davon die Rede ist, dass das Abheben von Bargeld in Großbritannien bald kostenpflichtig werden könnte. Vor allem Menschen mit geringem Einkommen, Ältere oder Personen ohne Zugang zum Internet würden dadurch benachteiligt. Wenn man nun Bargeld komplett abschaffen würde, würden sich diese Probleme nur noch verschärfen. Was sollen Menschen, die sich mit elektronischen Bezahlverfahren nicht auskennen, dann tun? Man denke nur an eine ältere Person, die allein wohnt, über keinen Internetanschluss verfügt und auf sich alleine gestellt ist. Würde man dieser Person nun sagen, sie solle ab sofort all ihre Einkäufe elektronisch bezahlen und Bankgeschäfte online tätigen, stünde sie vor großen Herausforderungen. Und nicht nur die Älteren blieben auf der Strecke, wie bereits erwähnt, wären besonders die Schwachen unserer Gesellschaft betroffen.
Außerdem muss dem im Text genannten Argument, Bargeld sei sicherer als elektronische Bezahlverfahren, in jedem Fall zugestimmt werden. Immer wieder hört oder liest man, dass der Missbrauch von Kreditkarten oder Onlinekonten zunimmt. Ist es den Kriminellen erst einmal gelungen, an die entsprechenden Daten zu kommen, können sie in kurzer Zeit große Summen erbeuten. Dementsprechend ist es ein deutlich größerer Verlust, wenn man seine Kreditkarte verliert, als wenn 100 Euro aus der Geldbörse abhandenkommen. Die Abschaffung des Bargeldes würde also Wirtschaftskriminellen Tür und Tor öffnen.
Das wohl wichtigste Argument gegen die Abschaffung des Bargeldes wird auch im Text angesprochen, wo es heißt, dass die Konsumenten in Deutschland es zu schätzen wüssten, dass durch die Nutzung von Bargeld die informelle Selbstbestimmung gewährleistet bleibe. Das heißt nichts anderes, als dass die Verbraucherinnen und Verbraucher nicht völlig gläsern werden. Würde man das Bargeld abschaffen, so könnte man zukünftig jeden einzelnen Einkauf nachvollziehen und damit ein Konsumentenprofil anfertigen. Firmen haben ein großes Interesse daran, das Verbraucherverhalten der Kundschaft zu kennen. Damit können sie individuell zugeschnittene Werbung an die Frau oder den Mann bringen, was wiederum zur Folge hat, dass Menschen unbewusst zu noch mehr Konsum angestiftet werden. Teilweise werden diese Kundenprofile auch selbst zur Ware und weiterverkauft. Immer wieder berichten die Medien darüber, dass Nutzerdaten gehackt und weiterverkauft worden seien.

Aufgabe 9

a) individuelle Lösung, z. B.:
Vorschlag für linke Sprechblase: Vielleicht könnte man speziell für ältere Menschen Kurse anbieten, in denen sie in der Nutzung elektronischer Bezahlverfahren geschult werden.
Vorschlag für rechte Sprechblase: Prinzipiell spricht nichts gegen bargeldlose Bezahlverfahren. Es muss jedoch sichergestellt sein, dass es zu keinem Datenmissbrauch kommt. Hier sollten die Anbieter der Dienstleistungen, z. B. Banken oder Onlineportale, für höhere Sicherheitsstandards sorgen.
b) individuelle Lösung, z. B.: Alle zuvor genannten Argumente sprechen dafür, das Bargeld in Deutschland nicht generell abzuschaffen. Es spricht nichts dagegen, dass man zukünftig in allen Bereichen des Lebens elektronisch bezahlen kann, gleichzeitig sollte aber sichergestellt sein, dass die Bezahlverfahren noch zuverlässiger gemacht werden und ein Missbrauch der

Kundendaten erschwert wird. Außerdem sollten wir die Schwächsten der Gesellschaft nicht aus den Augen verlieren, für sie sind derart einschneidende Veränderungen eine große Herausforderung. Spezielle Kurse, in denen man beispielsweise Ältere an bargeldlose Bezahlmethoden heranführt, wären sicherlich eine große Hilfe. Fasst man diese Punkte zusammen, so kann man es durchaus begrüßen, dass elektronische Bezahlverfahren auf dem Vormarsch sind. Eine generelle Abschaffung des Bargeldes macht jedoch keinen Sinn.

Seite 33

Teil 2: Vertiefen und üben

Muster:

In dem Kommentar „Hört auf, euch selbst zu optimieren", der am 4.4.2020 im Handelsblatt erschienen und von Matthias Rutkowski verfasst wurde, geht es darum, dass das zwanghafte Bedürfnis des Einzelnen, im privaten und beruflichen Bereich immer mehr Leistung erbringen zu wollen, auf Dauer unglücklich macht. Mittlerweile gehöre es schon zum guten Ton, sich in allen Bereichen des Lebens verbessern zu wollen, so der Autor. Dies betreffe sowohl den beruflichen als auch den privaten Bereich. Dieses Phänomen nenne man Selbstoptimierung. Es sei davon geprägt, die eigenen Grenzen nicht anerkennen zu wollen und stattdessen immer nach der besten Version von sich selbst zu streben, die dann auch prompt auf den eigenen Social-Media-Kanälen zur Schau gestellt werde. Hierbei laufe der Einzelne jedoch Gefahr, seine Grenzen und Möglichkeiten zu missachten, was zwangsläufig Misserfolgserlebnisse zur Folge habe. Das Resultat sei, dass man niemals das eigentliche Ziel, glücklicher zu sein, erreichen könne und stattdessen unglücklich werde. Generell sei es so, dass Glück nicht optimiert werden könne, sondern es sehr subjektiv sei, wann und wobei eine Person Glück empfinde. Wichtig sei es, die eigenen Möglichkeiten auszuschöpfen, ohne dabei die persönlichen Grenzen verschieben zu wollen.
Nachfolgend soll aufgezeigt werden, weshalb es – entgegen der Argumente der Textgrundlage – durchaus sinnvoll und bereichernd für den Einzelnen sein kann, nach der besten Version von sich zu streben. Wenn man sich erreichbare Ziele setzt, so steigert dies das Selbstwertgefühl. Der Autor des vorliegenden Textes geht dementsprechend von falschen Vorzeichen aus. So behauptet er, viele Menschen steckten sich zu hohe Ziele, die sie nicht erreichen könnten, was Misserfolgserlebnisse zur Folge hätte. Er belegt dies mit einigen Beispielen und spricht vom „Triathlon mit 40" (Z. 16) oder der Besteigung des Matterhorns mit 50. Sicherlich mag es Menschen geben, die derart ambitionierte Ziele verfolgen. Dies als Normalfall darzustellen, ist jedoch überzogen. Der Großteil der Menschen fängt klein an und strebt erst nach Erreichen der ersten Ziele nach größeren Leistungen. Das Resultat sind dann eben keine Misserfolge und ein angekratztes Selbstbild, sondern zahlreiche kleine Erfolge, die den Menschen aufzeigen, was sie erreichen können, wenn sie das Ziel nicht aus den Augen verlieren.
Außerdem widerspricht sich der Autor, wenn er ausführt, der Mensch werde glücklich, wenn er „im Rahmen [des] eigenen Potenzials und Könnens in Einklang" (Z. 29f.) lebe. Genau darum geht es doch bei der Selbstoptimierung. Es geht nicht darum, später an der Spitze der Nahrungskette zu stehen, viel Geld zu verdienen oder beruflich besonders erfolgreich zu sein. Es geht darum, die eigenen Möglichkeiten nicht ungenutzt zu lassen. Wenn der Autor nun jemanden, der am Sonntagnachmittag einen Halbmarathon läuft, mit der Couch-Potato vergleicht, so greift auch dies zu kurz. Wer sagt denn, dass es nicht auch der Selbstoptimierung dienen kann, wenn man einfach einmal die Lieblingsserie schaut und dabei entspannt? So hat man hinterher wieder die Kraft, um die nächste Aufgabe anzugehen.
Dass der vorliegende Text vom Schwarz-Weiß-Denken des Autors bestimmt ist, zeigt sich auch an einem weiteren Beispiel. Rutkowski vergleicht einen Investmentbanker mit Millionenbonus mit einem Bergführer, der seine Gruppe gesund zum Berggipfel führt. Hiermit will er zeigen, dass für viele Selbstoptimierer Reichtum und materieller Besitz wichtiger sei als ideelle Ziele. Damit verkennt er jedoch die Absicht vieler Menschen, die täglich hart an sich arbeiten. Vielen geht es nicht nur darum, in den sozialen Netzwerken mit ihren Errungenschaften zu glänzen, wie es der Autor pauschal den Selbstoptimierern unterstellt. Es geht ihnen vielmehr darum, die beste Version von sich zu sein. Dazu gehört es eben auch, moralisch zu handeln und den Mitmenschen zu helfen.
Abschließend kann man sagen, dass der Autor selbst die Lösung für das vermeintliche Problem des Selbstoptimierens nennt: Es ist wichtig, die eigenen Grenzen anzuerkennen. Wer dies tut und auf dem Weg zur bestmöglichen Version des eigenen Ichs Maß hält, wird zufriedener sein und zugleich einen wichtigen Beitrag für die Gesellschaft leisten. Man stelle sich nur vor, wir alle wären mit unseren Leistungen zufrieden und machten uns keine Gedanken darüber, wie wir etwas verbessern könnten. Unsere Welt würde stillstehen.

Kapitel 3
Eine Kurzgeschichte zusammenfassen und interpretieren

Seite 37

Die Inhaltsangabe vorbereiten

Aufgabe 1 und 2
individuelle Lösung

Aufgabe 3
Die Geschichte spielt in einem Flugzeug auf dem Rückflug von Barcelona nach Deutschland.
Beteiligt sind die beiden Protagonisten Marie und ihr Partner, dessen Name nicht erwähnt wird.
Das Paar führt auf dem Rückflug aus ihrem Urlaub eine oberflächliche Unterhaltung, wobei sich Marie und ihr Freund jeweils Gedanken über ihre Beziehungen machen, die jedoch nicht ausgesprochen werden. Während der Protagonist plant, seine Freundin zu verlassen, hält Marie an ihrer Beziehung fest, zumal sie ein Kind erwartet, wovon ihr Partner allerdings noch nichts weiß. Die zunehmenden Flugturbulenzen deuten auf einen Absturz hin.
Das Paar geht aufgrund von mangelndem Vertrauen nicht ehrlich miteinander um. Obwohl es offensichtliche Beziehungsprobleme gibt, wie beispielsweise die vermutlich schon länger andauernde Affäre des Protagonisten mit Veronika, wird nicht offen darüber gesprochen. Während sich die männliche Hauptfigur nicht traut, die Wahrheit zu sagen, hält Marie an einer Art Scheinidylle fest.

Seite 38

Aufgabe 4
individuelle Lösung, z. B.
Z. 1-6: Rückflug vom Wochenendtrip nach Barcelona
Z. 6-11: Beziehungsverständnis der Protagonistin
Z. 11-14: Unterschiedliche Wahrnehmung
Z. 14-17: Beziehungsverständnis des Protagonisten
Z. 17-22: Affäre mit Veronika
Z. 22-25: Belanglose Gespräche
Z. 25-31: Verheimlichte Schwangerschaft
Z. 31-37: Veronika als alleinerziehende Mutter
Z. 37-43: Maries Verliebtheit und Vorfreude auf das Kind
Z. 43-46: Erste Anzeichen von Turbulenzen
Z. 47-49: Sinkflug
Z. 50-54: Flugzeugabsturz

Aufgabe 5

Das Paar ...	ja	nein	Zeile
befindet sich auf dem Rückflug aus seinen Flitterwochen.		X	
ist seit dreieinhalb Jahren zusammen.	X		10
wohnt in getrennten Wohnungen.		X	
erwartet ein Kind.	X		25ff.
Die männliche Hauptfigur (Protagonist) ...			
betrügt seine Freundin.	X		17ff.
ist der Vater von Mona.		X	
hat eine Affäre mit Veronika.	X		17ff.
will sich nicht von Marie trennen.		X	
Marie ...			
ist neununddreißig Jahre alt.	X		31
findet den Protagonisten unattraktiv.		X	
ist verliebt.	X		7, 42
hat Geheimnisse vor dem Protagonisten.	X		25ff.
Veronika ...			
ist die Schwester von Marie.	X		32
hat eine kleine Tochter.	X		32
ist glücklich verheiratet.		X	
droht damit, die Beziehung zum Protagonisten zu beenden.	X		19f.

Seite 39

Aufgabe 6
Z. 9-11: Marie ist sich nicht sicher, ob ihr Partner mit ihr glücklich ist und sie eine gemeinsame Zukunft haben.
Z. 52: Die aus ihrem Tagtraum erwachende Marie realisiert erst jetzt die bedrohliche Lage des Flugzeugabsturzes.

Die Inhaltsangabe schreiben

Aufgabe 1
individuelle Lösung

Seite 40

Aufgabe 2

Sie **betrachtet** ihn von der Seite. Sie **liebt** sein Gesicht, besonders im Profil. Er **ist** ein wirklich attraktiver Mann. Manchmal **kann** sie es kaum **glauben**, dass er damals sie **erwählt hat**. Immer noch **traut** sie dem Frieden nicht ganz, obwohl sie mittlerweile schon dreieinhalb Jahre zusammen **sind**, und was noch viel wichtiger i**st**, jetzt bereits seit einem Jahr **zusammenwohnen**.

Aufgabe 3

Individuelle Lösung, z. B.: In der Kurzgeschichte „Die Sonne, die uns täuscht" von Jörn Birkholz, die 2019 in dem Erzählband „Der Obermieter" veröffentlicht wurde, werden die Beziehungs- und Kommunikationsprobleme eines Paares thematisiert, welches solange die Wahrheit verschweigt, bis es für eine Aussprache zu spät ist.

Aufgabe 4

Muster:

In der Kurzgeschichte „Die Sonne, die uns täuscht" von Jörn Birkholz, die 2019 in dem Erzählband „Der Obermieter" veröffentlicht wurde, werden die Beziehungs- und Kommunikationsprobleme eines Paares thematisiert, welches solange die Wahrheit verschweigt, bis es für eine Aussprache zu spät ist. Marie und ihr Freund befinden sich auf dem Rückflug aus ihrem Wochenendurlaub in Barcelona. Während Maries Freund sich sofort über den ungünstigen Sitzplatz und später über die verzögerte Reiseflughöhe beschwert, schwelgt die verliebte Marie fortwährend in schönen Reiseerinnerungen, wobei sie ihren Partner ausgiebig betrachtet. Dabei macht sie sich Gedanken über die gemeinsame Zukunft als Paar, der sie aus einem nicht weiter thematisierten Grund misstraut, obwohl sie bereits längere Zeit eine Beziehung führten und eine gemeinsame Wohnung hätten. Auch Maries Freund betrachtet seine Partnerin von der Seite, nachdem er Maries Annäherungsversuch abgelehnt hat. Dabei stellt er fest, ohne seine Gedanken auszusprechen, dass Marie zwar noch attraktiv für ihr Alter sei, er aber der Forderung seiner neuen Freundin Veronika nachgeben wolle, die auf eine Trennung bestehe und ihm zudem damit drohe, die Beziehung zu ihm zu beenden, falls er weiterhin mit Marie zusammenbleibe. Nachdem das Flugzeug die angestrebte Flughöhe erreicht hat, kehrt etwas Ruhe ein und Marie vertieft sich wieder in ihren Tagtraum. Sie geht der Frage nach, warum sie ihrem Freund immer noch nichts von ihrer Schwangerschaft erzählt hat. Sie fürchtet eine mögliche Ablehnung, allerdings kann sie dies mit der Erinnerung an den liebevollen Umgang ihres Freundes mit seiner Nichte Mona entkräften. In diesem Zusammenhang stellt sie ebenfalls fest, dass ihre Schwester Veronika als alleinerziehende Mutter sehr gut ohne Partner auskomme. Dabei ahnt sie nichts von dem Verhältnis ihres Partners mit ihrer Schwester. Sie kann ihre Vorfreude auf das gemeinsame Kind so wenig verbergen, dass ihr Freund bereits skeptisch nachfragt, wobei er sich nebenbei über lärmende Kinder beschwert und auf die Flugturbulenzen aufmerksam macht, die Marie in ihrer Euphorie solange ignoriert, bis auch sie sich der Gefahr eines Absturzes bewusst wird.

Seite 41

Die Interpretation vorbereiten

Aufgabe 1

individuelle Lösung, z. B. Fragen an Marie: Bist du glücklich? Wie stellst du dir die Zukunft mit deinem Freund vor? Wie ist das Verhältnis zu deiner Schwester Veronika?

Fragen an den Protagonisten: Weshalb möchtest du dich von Marie trennen? Wie lange hast du schon eine Affäre mit Maries Schwester? Hast du kein schlechtes Gewissen?

Fragen an Veronika: Warum hast du ausgerechnet mit dem Freund deiner Schwester eine Affäre angefangen? Wie ist das Verhältnis zu deiner Schwester?

Aufgabe 2

Charakter Protagonist: Z. 1-6, Z. 14-22
Charakter Marie: Z. 7-11, Z. 34-38
Charakter Veronika: Z. 19-22, Z. 32-34

Aufgabe 3

Zuordnung von oben nach unten: Protagonist - Marie - Veronika

Aufgabe 4

- Marie findet Veronika sehr selbstständig, da sie als alleinerziehende Mutter ohne Partner klarkommt.
- Veronika möchte von dem Protagonisten, dass er Marie für sie verlässt.
- Der Protagonist sieht die beiden Frauen so: Marie findet er zwar immer noch hübsch, aber mittlerweile langweilig und nervig. Mit Veronika kann er sich eine aufregendere Beziehung vorstellen, da sie im Gegensatz zu Marie selbstbewusst ist und genau weiß, was sie will.

Aufgabe 5
a) und b)

Gesagtes	Zeile	Gemeintes
„Warum müssen wir auch hier ganz hinten sitzen?“, murrte er vor sich hin.	1	Der Protagonist ist unzufrieden mit der Sitzplatzauswahl und offenbar bereits bei Flugbeginn schlecht gelaunt.
„Ist doch egal“, entgegnete sie.	1f.	Marie stört sich daran nicht. Sie möchte keinen Streit.
„Nein, ist es nicht! [...] Ist doch Mist sowas!“	2-4	Der Protagonist beharrt auf seinem Standpunkt und wird zunehmend wütender. Er ist völlig unzufrieden.
„Nun lass doch“, versuchte sie ihn zu besänftigen, „es war doch schön, Schatz, oder?“	4f.	Marie versucht ihn zu beruhigen, indem sie vom Thema ablenkt und auf den gemeinsamen Urlaub zu sprechen kommt. Sie kann den Ärger ihres Freundes nicht nachvollziehen, will lieber ihre schönen Erlebnisse teilen. Sie versucht zu schlichten, um einen Konflikt zu vermeiden.
„Ja, ja.“	5	Diese knappe Aussage zeugt von Desinteresse und wirkt durch die Wiederholung unglaubwürdig.

Seite 42

c) Das Paar spricht oberflächlich über eher belanglose Inhalte wie die Sitzplatzauswahl, den gemeinsamen Urlaub oder den Flugverlauf. Dabei kommt kein richtiges Gespräch zustande, da keiner auf die Belange des anderen eingeht. Während die gutgelaunte Marie – in ihre Gedanken vertieft – versucht, alle Bedenken ihres Partners herunterzuspielen und ihn abzulenken, wirkt der Protagonist durchgehend unzufrieden und genervt, bis Marie aus ihrem Tagtraum erwacht und den Ernst der Lage erkennt.
Beide Figuren leben in ihrer eigenen Realität, an der sie ihren Beziehungspartner nicht teilhaben lassen. So ist der Protagonist in Gedanken bei seiner neuen Partnerin und überlegt, wie er die Beziehung mit Marie möglichst schonend beenden kann, wobei ihn die Drohung Veronikas, ihn andernfalls zu verlassen, belastet. Marie hingegen verdrängt alle möglicherweise aufkommenden Konflikte, indem sie nur das Positive an ihrer Beziehung wahrhaben und alles andere um sich herum vergessen möchte. Das Paar redet aneinander vorbei. Sie haben unterschiedliche Wahrnehmungen, die gemeinsame Reise betreffend, die von ihrer jeweiligen Gefühlslage bestimmt werden.

Aufgabe 6
Marie bewundert ihre alleinerziehende Schwester für ihre Selbstständigkeit im Hinblick auf ein Leben ohne Partner (vgl. Z. 32ff.). Der Protagonist schätzt an Veronika ihr zielstrebiges und dominantes Verhalten, weshalb ihm auch bewusst ist, dass sie ihn verlassen würde, wenn er sich nicht von ihrer Schwester trennt (vgl. Z. 17ff.).

Aufgabe 7
individuelle Lösung

Seite 43

Aufgabe 8
Muster:

Der **namenlose Protagonist** führt seit dreieinhalb Jahren eine Beziehung mit Marie, die er zwar noch attraktiv findet (vgl. Z. 15f.), an der er als Partnerin aber kein Interesse mehr hat, da er sich in einer neuen Beziehung mit der Schwester von Marie befindet, was er bisher verschwiegen hat. Er möchte Marie verlassen, was ihm nicht so leicht zu fallen scheint, allerdings wird er von Veronika dazu gedrängt (vgl. Z. 17f.).
Er fliegt mit Marie über das Wochenende nach Spanien (vgl. Z. 19), traut sich aber auch dort nicht, einen Schlussstrich zu ziehen, was daraufhin deutet, dass er sich nicht nur feige, sondern auch heuchlerisch verhält. Da der Protagonist Marie immer noch nicht die Wahrheit gesagt hat, nimmt seine Angst vor einer Trennung von Veronika zu, denn sie hat damit gedroht, ihn zu verlassen. Deshalb ist er sehr angespannt und zu Beginn des Fluges bereits schlecht gelaunt (vgl. Z. 1). So stören ihn Belanglosigkeiten wie die Wahl der Sitzplätze oder die Reisehöhe (vgl. Z. 2f.). Der Urlaub, der nur Mittel zum Zweck gewesen ist, scheint ihn nicht zu interessieren. Daher kann er Maries Begeisterung darüber auch nicht nachvollziehen (vgl. Z. 5f.). Da er keine tieferen Gefühle mehr für Marie hat, lehnt er konsequenterweise auch jeglichen intimen Körperkontakt taktlos ab: „Was soll das?“ (Z. 13). Der Protagonist schafft es bis zum Schluss nicht, aufrichtig zu seiner

Partnerin zu sein, und hat auch kaum ein schlechtes Gewissen: „Ein bisschen tat es ihm leid, sie zu verlassen [...]“ (Z. 17f.). Dabei verfolgt er egoistisch nur seine Ziele und macht sich keine Gedanken darüber, wie überaus unfair sein Verhalten gegenüber Marie ist, die ihm immer wieder zu verstehen gibt, dass sie ihn liebt.
Die als attraktiv beschriebene **Marie** ist neununddreißig Jahre alt und führt seit einigen Jahren eine Beziehung mit dem Mann, mit dem sie sich eine gemeinsame Zukunft als Familie vorstellen kann (vgl. Z. 36ff.). Sie genießt die Zweisamkeit mit ihrem Freund während des Wochenendtrips und schwelgt beim Rückflug – im Gegensatz zu ihrem Partner – in den für sie schönen Reiseerinnerungen. Marie, die sehr verliebt in ihren Freund ist, den sie als besonders attraktiv beschreibt, möchte sich ihre gute Laune nicht von der schlechten Stimmung ihres Partners verderben lassen, weshalb sie immer wieder versucht, ihn abzulenken (vgl. Z. 5). Von der Abwehr ihrer Annäherungsversuche durch ihren Freund lässt sich Marie nicht beirren (vgl. Z. 12ff.) und sucht stattdessen weiterhin den Körperkontakt. In ihren Tagtraum versunken ignoriert sie die abweisende Reaktion ihres Freundes und die in diesem Zusammenhang bestehenden Beziehungsprobleme. Sie gibt zwar zu, dem „Frieden nicht ganz“ (Z. 9) trauen zu können, zieht aber daraus keine Konsequenzen und spricht vor allem ihre Bedenken nicht offen an. Stattdessen flüchtet sie vor der Realität, indem sie sich auf schöne Erlebnisse in ihrer Beziehung konzentriert, wie z. B. ihre Schwangerschaft, über die sie sich besonders freut (vgl. Z. 25). Da Marie eher nicht mit einer positiven Reaktion ihres Partners rechnet, verschweigt sie ihm die „freudige Nachricht“ (Z. 25), mit der sie ihn eigentlich im Urlaub überraschen wollte, insofern verhält auch sie sich feige und unaufrichtig. Allerdings ist dieses Verhalten aus Angst vor einer Trennung heraus begründet und deshalb anders zu werten als das Fremdgehen ihres Freundes mit ihrer Schwester. Marie scheint ein gutes Verhältnis zu ihrer Schwester zu haben. Sie bewundert sie für deren Selbstständigkeit als alleinerziehende Mutter (vgl. Z. 33f.), die sogar ohne Partner klarkommt. Für Marie ist ein Leben ohne Mann an ihrer Seite nicht vorstellbar, was ihre Unselbstständigkeit und ihre Abhängigkeit von einem Partner generell zum Ausdruck bringen. Bis zum Schluss verdrängt Marie die Realität, bis ihr bewusst wird, dass sie sich durch den Flugzeugabsturz in Lebensgefahr befinden (vgl. Z. 52).
Veronika ist die dominante Schwester Maries, die ihrer Schwester etwas vorspielt, indem sie nicht nur mit deren Freund fremdgeht, sondern auch noch die selbstständige Alleinerziehende vorgibt, die keinen Mann braucht (vgl. Z. 34). Sie lässt sich als intrigant, heuchlerisch und gefühlskalt charakterisieren. Empathie scheint sie keine zu haben, ansonsten würde sie den Partner ihrer Schwester nicht dazu drängen, sich von Marie zu trennen (vgl. Z. 18).

Die Form analysieren

Aufgabe 1
Die äußere Handlung beschränkt sich auf ein oberflächliches Gespräch, das sich auf den Verlauf des Fluges bezieht. Aus einer anfänglichen, übertriebenen Kritik des Protagonisten über die unvorteilhaft gewählten Sitzplätze entwickelt sich ein eher belangloses, einseitiges Gespräch, bis es zu Turbulenzen kommt, die letztlich zu einem Flugzeugabsturz führen werden und die Handlung an dieser Stelle dramatisch vorantreiben.
Der Höhepunkt befindet sich am Ende der Kurzgeschichte: „Mein Gott, die Alpen so nah!“ (Z. 52).
Die innere Handlung konzentriert sich auf die unterschiedliche Sichtweise der beiden Protagonisten, was ihre Beziehung betrifft, und spiegelt gleichzeitig die jeweilige Stimmung wieder. Während der Protagonist schlechtgelaunt und leicht reizbar darüber nachdenkt, wie er sich möglichst schnell von seiner Freundin trennen kann, wirkt Marie glücklich und verliebt, was sie ihrem Partner auch durch Gesten wie Küssen auf die Wange zu verstehen gibt (vgl. Z. 41ff.).

Seite 44

Aufgabe 2
- „Es war doch schön, Schatz, oder?“ (Z. 5) – Rhetorische Frage: vermittelt die Unsicherheit Maries über die Sichtweise ihres Freundes. Sie erhofft sich eine Bestätigung, indem sie ihrem Freund die Antwort bereits vorgibt.
- „Ja, ja.“ (Z. 5) – Wiederholung: bringt die Gleichgültigkeit des Protagonisten zum Ausdruck, der zustimmt, nur um seine Ruhe zu haben.
- „Immer noch traute sie dem Frieden nicht ganz [...].“ (Z. 9) – Die Personifikation des Friedens, dem man nicht trauen könne, veranschaulicht, wie bewusst Marie mögliche Beziehungsprobleme wahrnimmt.
- „Sie schaute aus dem Fenster. Ein herrliches Wetter.“ (Z. 46) – Ellipse: Durch den unvollständigen Satz wird das als schön empfundene Wetter als erneute Flucht Maries vor der Realität – dem drohenden Flugzeugabsturz – betont.

Aufgabe 3

a) Sommer, Wärme, Spaß, Strandurlaub, Freizeit, Ferien ...

b) Das Bild der täuschenden Sonne steht für das Aufrechterhalten einer scheinbar harmonischen Beziehung, in der sprichwörtlich gesehen „die Sonne scheint". Beide Protagonisten verdrängen ihre Beziehungsprobleme, indem sie nicht darüber reden und in einem gemeinsamen Kurzurlaub das verliebte Paar „spielen". Da diese harmonische Idylle trügerisch ist, wird die Sonne als Täuschung entlarvt.

c) Metapher

Seite 45

Die Aussage des Textes untersuchen

Aufgabe 1

Das Paar versucht, Konflikten aus dem Weg zu gehen, und hält stattdessen an einer heuchlerischen Scheinidylle fest. Da beide nicht über ihre Probleme mit ihrem Partner reden können, kann auch keine gemeinsame Lösung gefunden werden. Außerdem will der Protagonist die Beziehung beenden und geht schon seit längerer Zeit mit der Schwester seine Freundin fremd.

Aufgabe 2

Die Kurzgeschichte veranschaulicht, wie sehr sich zwei Menschen, die sich nahe sind, voneinander entfernen können, wenn sie nicht aufrichtig miteinander umgehen und ihre Probleme verdrängen. In vielen Fällen ist es für eine offene Aussprache und einen damit verbundenen Neuanfang dann zu spät.

Aufgabe 3

Das Verhalten des Protagonisten ist äußert unfair und verletzend. Er hätte keine neue Beziehung vor der Trennung mit Marie eingehen dürfen, noch dazu mit ihrer eigenen Schwester. Marie wäre einiges erspart geblieben, wenn sie ihrem Partner nicht blind vertraut und ihre rosarote Brille abgesetzt hätte.

Aufgabe 4

Veronika verhält sich ihrer Schwester gegenüber unfair und unehrlich. Sie respektiert sie nicht als Person, sondern will sie als Konkurrentin aus dem Weg haben. Gegenüber dem Protagonisten verhält sie sich sehr bestimmend. Sie fragt nicht, wie er sich eine Lösung vorstellt, sondern stellt ihm eine Bedingung, ohne deren Erfüllung sie nicht bei ihm bleibt. Insgesamt handelt sie egoistisch und rücksichtslos.

Aufgabe 5

Kommunikationsprobleme sind in vielen heutigen Beziehungen vorhanden und führen oftmals zu Missverständnissen, weshalb offene, klärende Gespräche für den Erfolg einer Partnerschaft wichtig sind. Fremdgehen ist ebenfalls ein häufiger Trennungsgrund.

Seite 46

Aufgabe 6

individuelle Lösung, z. B.:

Das Paar hat sich zu sehr darauf konzentriert, die Beziehung zum Schein aufrechtzuerhalten, ohne daran zu denken, dass es für eine Aussprache irgendwann zu spät sein könnte. In diesem Zusammenhang lässt sich auch die Überschrift „Die Sonne, die uns täuscht" deuten. Die Metapher der täuschenden Sonne steht für das Aufrechterhalten einer scheinbar harmonischen Beziehung, in der sprichwörtlich gesehen „die Sonne scheint", bis klar wird, dass es sich dabei um eine Täuschung handelt.

Die Interpretation schreiben

Aufgabe 1

individuelle Lösung

Aufgabe 2

Muster:

In der Kurzgeschichte „Die Sonne, die uns täuscht" von Jörn Birkholz, die 2019 in dem Erzählband „Der Obermieter" veröffentlicht wurde, werden die Beziehungs- und Kommunikationsprobleme eines Paares thematisiert [...] (*vgl. Lösung zu Aufgabe 4, S. 11, Inhaltsangabe)*

Im Mittelpunkt der Kurzgeschichte steht die bevorstehende Trennung zwischen Marie und ihrem Freund, die zwar in der Luft liegt, aber bis zum Schluss nicht ausgesprochen oder vollzogen wird. Stattdessen versuchen beide Beziehungspartner auf ihre Weise, die Realität zu verdrängen und damit eine längst fällige Aussprache hinauszuzögern, bis es dafür zu spät ist. Dementsprechend angespannt ist die Lage für den Mann, woraus auch seine schlechte Stimmung bereits zu Beginn des Fluges resultiert: „Warum müssen wir auch hier ganz hinten sitzen?", murrte er vor sich hin (Z. 1). Diese für den Protagonisten unangenehme Stimmung wird von Marie zwar realisiert, aber vermutlich aus taktischen Gründen nicht ernstgenommen. Stattdessen versucht sie, einen möglichen aufkommenden Streit zu vermeiden, indem sie ihren Partner mit besänftigenden Floskeln wie: „Ist doch egal" (Z. 1f.)

oder „Ist bestimmt gleich soweit" (Z. 12) beruhigt und gleichzeitig mit den Hinweisen auf den „herrlich[en]" (Z. 6) Spanienurlaub ablenken und für ihre Zwecke gewinnen möchte. Marie ist sich ihrer Sache nämlich sicher, sie möchte unbedingt an der Beziehung mit ihrem Partner festhalten, den sie so sehr liebt, dass sie alles andere um sich herum vergisst: „Sie betrachtete ihn von der Seite. Sie liebte sein Gesicht [...]" (Z. 6f.). Die Wiederholung des Personalpronomens „sie" (Z. 6f.) deutet an dieser Stelle bereits auf die einseitigen Gefühle hin, die sich im weiteren Verlauf durch die Tatsache, dass der Protagonist fremdgeht und sich trennen will, bestätigen. Diese Trennung oder zumindest ein Beziehungskonflikt scheint sich bereits angebahnt zu haben, denn Marie muss sich bei aller Verliebtheit und Faszination für ihren Traummann eingestehen, dass sie dem Frieden nicht ganz trauen könne, obwohl sie eine gemeinsame Wohnung hätten und schon dreieinhalb Jahre zusammen seien. Um ihren Traum von einer gemeinsamen Zukunft aufrechtzuerhalten, verdrängt sie konsequent alles, was ihr Glück gefährden könnte, wie beispielsweise die ablehnende und gefühlskalte Reaktion ihres Partners auf liebevoll gemeinte Gesten (vgl. Z. 13f.), um danach sofort wieder in ihre Traumwelt zu flüchten: „Ach, war das nicht schön in Barcelona?" (Z. 14). Woraufhin der Protagonist mit der gleichgültig desinteressierten Wiederholung „Ja, ja." (Z. 14) das kurze Gespräch beendet. Das gestörte Kommunikationsverhalten ist vermutlich auch ein Grund, weshalb die Beziehung der beiden gescheitert ist. Das Paar redet in einer insgesamt oberflächlich geführten Konversation aneinander vorbei, obwohl beide ernste Themen miteinander zu besprechen haben.

Das Fremdgehen des Protagonisten mit der Schwester Maries und die in diesem Zusammenhang getroffene Äußerung: „Ein bisschen tat es ihm leid, sie zu verlassen, aber Veronika hatte darauf bestanden" (Z. 17f.) machen deutlich, wie rücksichtslos der Protagonist mit seiner Partnerin umgeht und wie empathielos er sich dabei zeigt. Marie beschäftigt währenddessen ein anderes Thema: Sie ist schwanger und gibt vor, den richtigen Moment für die Verkündung der „freudigen Nachricht" (Z. 25) in Barcelona verpasst zu haben. Die Gedanken „Eine herrliche Stadt, vielleicht könnte man irgendwann mal dort leben – ein Traum wäre das" (Z. 27f.) bringen mit der Betonung des Traumes zum Ausdruck, wie unrealistisch eine glückliche Zukunft des Paares trotz des gemeinsamen Kindes ist. Gemäß ihres Verdrängungsmusters konzentriert sich Marie mal wieder auf die positiven Seiten ihres Partners, indem sie seine Qualitäten als Vater im Umgang mit Mona, der Tochter ihrer Schwester, hervorhebt (vgl. Z. 31f.). Ob sie dabei keine Anzeichen auf eine intensivere Beziehung zwischen ihrem Freund und ihrer Schwester bzw. deren Tochter realisiert, wird an dieser Stelle mehr als fraglich. Diese Tatsache blendet Marie mit einer erneuten Floskel: „Ist doch egal" (Z. 41f.) aus und scheint nie glücklicher als jetzt gewesen zu sein: „Sie fühlte sich unbeschwert und war glücklich, wirklich glücklich." (Z. 42f.) Wieder verharrt Marie in ihrem Tagtraum, bis sie ihr Freund in die Realität zurückholt. Die zunehmenden Flugturbulenzen lassen sich nicht mehr verdrängen, die äußere Handlung wird durch die aufeinanderfolgenden, kurzen Sätze: „Der geht ja immer weiter runter!" (Z. 44f.) und „Was ist das denn da vorne beim Cockpit für ein Lärm" (Z. 50f.) immer dramatischer, bis die Handlung mit der Erkenntnis Maries: „Mein Gott, die Alpen so nah!" (Z. 52) ihren Höhepunkt erreicht. Marie wird der Ernst der Lage zu spät bewusst.

Es ist anzunehmen, dass die beiden Protagonisten ihre Geheimnisse während des Flugzeugabsturzes nicht preisgeben und es danach zu spät sein wird. Das Paar hat sich zu sehr darauf konzentriert, die Beziehung zum Schein aufrechtzuerhalten, ohne daran zu denken, dass es für eine Aussprache irgendwann zu spät sein könnte. In diesem Zusammenhang lässt sich auch die Überschrift „Die Sonne, die uns täuscht" deuten. Die Metapher der täuschenden Sonne steht für das Aufrechterhalten einer scheinbar harmonischen Beziehung, in der sprichwörtlich gesehen „die Sonne scheint", bis klar wird, dass es sich dabei um eine Täuschung handelt.

Seite 45

Teil 2: Vertiefen und üben

Muster:

Der Textauszug aus dem Roman „Das Leben der Wünsche" von Thomas Glavinic, erschienen 2009, erzählt von der zufälligen Begegnung zwischen dem Werbetexter Jonas und einem fremden Mann, der ihm drei Wünsche erfüllen möchte.

Jonas wird nach einer Firmenfeier auf dem Weg nach Hause von einem unbekannten Mann im Park angesprochen, der ihm ein Angebot unterbreiten möchte. Nachdem Jonas die Glaubwürdigkeit des Mannes zunächst anzweifelt und von einer Verwechslung ausgeht, gibt der Fremde zahlreiche, auch verhängnisvolle

Details über die Lebensumstände von Jonas preis, als sei er ein Privatdetektiv. Der immer noch misstrauische Jonas lässt sich widerwillig auf ein Gespräch mit ihm ein. Auf das anschließende Angebot des Fremden, Jonas drei Wünsche zu erfüllen, reagiert der Werbetexter ablehnend, da er dem Mann nicht traut. Nach einer sorgfältigen Abwägung des Angebotes lässt sich Jonas schließlich darauf ein, sich Gedanken über mögliche Wünsche zu machen. Der Romanauszug endet mit Jonas' Feststellung, dass es schön sei, auf existentielle Fragen eine Antwort zu haben.

Die Informationen über den 35-jährigen Protagonisten lassen Jonas zunächst als verheirateten Familienvater von zwei Söhnen erscheinen, der als Werbetexter und „Geschäftsmann“ ein gesichertes Einkommen bezieht (Z. 4f.). Dieses harmonische Bild wird allerdings durch die Untreue gegenüber seiner Frau Helen zerstört, über die der unbekannte Mann Auskunft gibt. Jonas geht offensichtlich mit der ebenfalls verheirateten Marie fremd (Z. 7) und spielt zudem mit dem Gedanken, nach einer ausgelassenen Feier in seiner Werbeagentur lieber die Zeit in einer Kneipe zu verbringen, als sich um das versprochene Geschenk für seine Kinder zu kümmern (Z. 16f.). Dieses rücksichtslose und egoistische Verhalten wird dann auch zu einer Angriffsfläche für Jonas, der befürchten muss, dass der Unbekannte vielleicht ein von seiner Frau engagierter Detektiv ist, wodurch das Verhältnis zu seiner Geliebten auffliegen könnte: „Sie sind ein Detektiv!“ (Z. 8). Obwohl Jonas kein Interesse daran hat, sich auf ein Gespräch einzulassen, folgt er dem Befehl des Fremden: „Setzen wir uns!“ (Z. 8f.), möchte die Angelegenheit aber sogleich geschäftlich regeln: „Geld? fragte Jonas.“ (Z. 26). Verwundert muss er erfahren, dass es sich nicht um einen Erpressungsversuch handelt, sondern dass eine Art männliche Fee ihm drei Wünsche erfüllen möchte (vgl. Z. 30f.). Jonas, der dieses Angebot für einen Scherz hält, entgegnet ironisch: „Ich kann mich täuschen, aber ich glaube, im Märchen verströmt die Fee nie so einen Biergeruch.“ (Z. 33f.). Der mittlerweile durchgeschwitzte Werbetexter überlegt mehrfach, wie er aus dieser unangenehmen Situation fliehen kann: „Sollte er einfach weggehen?“ (Z. 42f.). Er droht dem Fremden schließlich, tatsächlich zu gehen: „Ich haue ab!“ (Z. 51), wovon sein Gegenüber jedoch unbeeindruckt bleibt. Erschöpft versucht Jonas ein letztes Mal, die Beweggründe des Unbekannten herauszufinden: „Sagen Sie ehrlich, was Sie von mir wollen.“ Ängstlich gibt er mit der rhetorischen Frage: „Mich erpressen“? und den anschließenden Befürchtungen zu verstehen, was für ihn wirklich auf dem Spiel steht (Z. 56ff.). Dabei zeigt er keinerlei Schuld- oder gar Reuegefühle hinsichtlich des unfairen Verhaltens seiner Familie gegenüber. Ganz im Gegenteil nimmt er die Rolle des besorgten Ehemanns und Freundes ein, der sich selbstlos mehr Gedanken über das Wohlergehen des Mannes von Marie und seiner eigenen Frau macht als um sich selbst (Z. 57ff.). Jonas, der zuvor auf der Bürofeier zu viel Alkohol getrunken hat, gibt sich letztlich geschlagen, da es seine Kopfschmerzen nicht anders zulassen, und er ändert seine Strategie (Z. 70ff.). Überraschenderweise lässt er sich nun auf das Angebot des Fremden ein. In einer Aneinanderreihung von rhetorischen Fragen und teilweise irreal formulierten Aussagen gibt Jonas Wünsche preis, in denen es um existentielle Fragen und einen generellen Wissenszuwachs geht: „Ich könnte mir wünschen zu erfahren, ob das Leben einen Sinn hat. Nicht?“ (Z. 72) und „Ich will wissen, unbedingt, ja!“ (Z. 81). Dadurch gewinnt der bisher oberflächlich erscheinende Protagonist an Tiefe. Vor allem der Wunsch, „aktiver zu sein, neugieriger, lebendiger“ (Z. 78), veranschaulicht, wie Jonas sein bisheriges Leben betrachtet und dass er sich verändern möchte. Diese selbstkritische Betrachtungsweise bezieht er jedoch nicht auf sein unehrliches Verhalten hinsichtlich seiner heimlichen Affäre mit Marie.

Der fremde, namenlose Mann, der wie aus dem Nichts erscheint, tritt selbstbewusst und zielstrebig an Jonas heran, wie die ersten befehlenden Worte zeigen: „Eine Sekunde! Setzen wir uns auf die Bank vor diesem Brunnen! Ich möchte Ihnen ein Angebot machen.“ (Z. 1f.). Der Fremde möchte offenbar keine Zeit verlieren. Auf die Frage nach einer Verwechslung präsentiert er Jonas zur Bestätigung so viele Details über dessen Leben, dass Jonas nichts anderes übrigbleibt, als diesem merkwürdig erscheinenden Mann wenigstens zuzuhören. Das genau beschriebene äußere Erscheinungsbild deutet mit dem Kleidungsstil, der Figur und Körperpflege zunächst auf einen Gangster hin: „Weiß gekleidet, Leinensakko, Bundfaltenhose, Halbschuhe [...] Kurzhaarschnitt [...] schlecht rasiert [...] Goldkettchen“ (Z. 21ff.). Der „blaue Aktenkoffer“ (Z. 20f.) wirkt in diesem Zusammenhang etwas irritierend. Völlig unerwartet kommt das an eine Märchenfee erinnernde Angebot der Erfüllung dreier Wünsche, welches der Fremde mehrmals wiederholt und seine ernsten Absichten damit betont (Z. 30ff.). Dabei deuten seine „ausdruckslos[e]“ Mimik (Z. 28) und seine Teilnahmslosigkeit (Z. 38) auf eine gewisse Routine hin. Auch ein

ablehnendes Verhalten scheint dem Fremden geläufig zu sein. Mit seiner ruhigen, gelassenen, aber auch „gelangweilten“ Art schafft er es, bei Jonas Aggressionen auszulösen (Z. 52f.). Letztlich gelingt es dem Fremden aber doch durch Beharrlichkeit, Jonas dazu zu bewegen, sich über sein Leben ernsthafte Gedanken zu machen. So bekommt der Fremde eine entscheidende Rolle, denn durch die Option der Erfüllung dreier Wünsche erhält Jonas die Gelegenheit, sein Leben zu verändern, „sich aufraffen zu können“ (Z. 77f.) und „Neues auszuprobieren“ (Z. 78). Was er daraus macht, bleibt an dieser Stelle offen.
Obwohl das Motiv der drei Wünsche an die Fee im Märchen erinnert und damit ein Konstrukt einer Phantasiewelt bleibt, stellen wir uns doch die Frage, welche drei Wünsche wir geäußert hätten, um unser Leben vielleicht in eine andere Richtung zu lenken. Womöglich stellt sich dann die Erkenntnis ein, dass wir gar niemanden brauchen, der uns diese Wünsche erfüllt, sondern dass wir unser Leben ohne Märchenfee selbst in die Hand nehmen müssen.

Kapitel 4
Ein Gedicht interpretieren

Seite 50

Die Inhaltsangabe vorbereiten

Aufgabe 1
individuelle Lösung, z. B.: Man kann „sozusagen grundlos vergnügt sein“, wenn man sich einfach gut fühlt, etwa morgens an einem ganz normalen Tag, wenn die Sonne scheint, oder an Tagen, an denen keine besonderen Belastungen auftreten wie eine Klassenarbeit.

Aufgabe 2
individuelle Lösung

Seite 51

Aufgabe 3
- Der Text besteht aus Versen und Strophen.
- Es treten Endreime auf sowie Bilder wie Diele, Feuer, Erde, Himmel, eher Gefühle als Handlungen, viele Wiederholungen als auffallendes Stilmittel („ich freu mich“).
- Ein lyrisches Ich vermittelt den Lesenden in dieser rhythmischen Sprache seine Gefühle, seine Freude.

Aufgabe 4
Das lyrische Ich „freut sich“. Es ist ausgesprochen guter Laune, wenn es seine Umgebung, die Natur beobachtet. Es bewundert, bestaunt die Welt um sich herum und hat das Gefühl, dass diese Liebe zum Leben und zur eigenen Person es auch selbst stark macht, z. B. um diese Liebe an Mitmenschen weiterzugeben.

Aufgabe 5
Das lyrische Ich ist – wie der Titel des Gedichts vorwegnimmt – „grundlos vergnügt“. Es freut sich an seiner Umgebung und seinem eigenen Leben. Es ruft dazu auf, nicht immer nach Gründen für die Freude zu suchen, sondern einfach dankbar dafür zu sein, dass man lebt und sich an manchen Tagen rundherum wohlfühlen kann. Diese Momente geben viel Kraft, die man auch an andere Menschen weitergeben kann, für die man sorgt. Viele suchen nach einem „tiefen“ Sinn im Leben, aber das lyrische Ich hat diesen in seiner eigenen Lebensfreude gefunden.

Seite 52

Die Inhaltsangabe schreiben

Aufgabe 1
- Riechen: Heckenrosen duften (V. 3); Holunder (V. 3)
- Hören: Amseln flöten, Immen summen (V. 5); Brummer brummen (V. 6); Spatzen schwatzen, Fische schweigen (V. 8)
- Sehen: Wolken am Himmel (V. 1); Heckenrosen (V. 3) sind schön anzusehen; rote Luftballons ins Blaue (V. 7)
- Spüren: regnet, hagelt, friert und schneit (V. 2); Mücken stechen (V. 6)
- Schmecken: (vielleicht schmeckt man den Schnee auf der Zunge – V. 2); Holunder (V. 3) – daraus werden Säfte und Konfitüren gemacht

Aufgabe 2 bis 4
In der ersten Strophe freut sich das lyrische Ich an der Natur, die es mit allen Sinnen erleben kann: Es sieht die Wolken am klaren, blauen Himmel (V. 1), hört die Vögel und Insekten (V. 5f.), genießt den Blütenduft von Blumen und Sträuchern (V. 4). Es spürt Regen und andere Niederschläge (V. 2).
Sind in der ersten Strophe die Jahreszeiten bereits angedeutet, werden sie in der zweiten Strophe namentlich genannt. Neben dem Jahreslauf (V. 11) wird auch die regelmäßige Folge von Tag und Nacht vom lyrischen Ich als besonders wohltuend empfunden (V. 9f.).

In Vers 12 wird deutlich, warum das lyrische Ich sich so erfreut an den Räumen der Natur, ihren Bewohnern und dem Zeitverlauf des Lebens: Es vermutet, dass dies der Sinn seines Lebens sei, den man nicht immer rational, durch vernünftiges Denken, erfassen könne (V. 14), sondern den man einfach erleben müsse, d.h., es freut sich einfach über sein Dasein, seine Teilhabe an der Welt und an diesem Leben (V. 16).
In der dritten Strophe schließlich wendet sich das lyrische Ich seinem eigenen Empfinden zu (V. 17). Es stellt fest, dass es gut ist, wenn man mit sich selbst im Reinen ist, denn dann könne man auch andere lieben und für sie da sein (V. 22). Die letzten vier Verse schließlich führen das lyrische Ich zu der Erkenntnis, warum es sich so sehr über alles freut: Es vermutet, dass dies daran liegt, dass es nie aufhört, über Schönes in der Welt zu staunen, dass es alle diese „kleinen Dinge", die es oben beschrieben hat, immerzu als neue „Wunder" wahrnehmen kann (V. 24f.). Es freut sich an der Tatsache, dass es sich freut (V. 26) – und zwar, wie der Titel vermuten lässt: „sozusagen grundlos".

Seite 53

Die Gedichtinterpretation vorbereiten

Aufgabe 1

- **Strophenform**: Das Gedicht ist in drei Strophen gegliedert, wobei die ersten beiden Strophen acht Verse haben, die dritte Strophe zehn Verse.
- **Wirkung**: Die zusätzlichen Verse in der letzten Strophe weisen darauf hin, dass diese Strophe besonders wichtig ist. Die letzten Verse scheinen das, was dem lyrischen Ich am wichtigsten ist, noch einmal auf den Punkt zu bringen.
- **Reimschema**: Im Gedicht werden drei verschiedene Reimschemata genutzt; jedoch sind die letzten vier Verse bzw. die letzten sechs Verse der dritten Strophe immer im Paarreim verfasst. Die erste Strophe weist in den ersten vier Versen einen umarmenden Reim auf, die zweite an gleicher Stelle einen Paarreim, die dritte einen Kreuzreim.
- **Wirkung:** Durch das Reimschema wird das Gedicht zusätzlich gegliedert: Die ersten Verse jeder Strophe heben sich vom zweiten Teil der Strophen ab. So wie sie die Möglichkeiten aufzeigen, Reime zu nutzen, scheinen sie inhaltlich die Dinge zu zeigen, an denen sich das lyrische Ich freut. Anschließend erfolgen in den Strophen eine weitere Veranschaulichung (Strophe 1) oder weiterführende Gedanken und Fragen des lyrischen Ichs (Strophe 2 und 3).

Aufgabe 2

„regnet, hagelt, friert und schneit" (V. 2)	Aufzählung, Reihung
„Daß Spatzen schwatzen. (V. 8)	Personifikation (und Lautmalerei)
„Und dass die Sonne täglich neu aufgeht." (V. 10)	Ellipse
„In mir ist alles aufgeräumt" (V. 17)	Metapher: In mir ist es aufgeräumt wie in einer aufgeräumten „Diele". Das Bild wird fortgeführt.
„Brummer brummen" (V. 6)	Lautmalerei (auch Personifikation)

Aufgabe 3

- Die Aufzählung/Reihung wirkt anschaulich, betont spontane Gefühle, hebt eine Fülle von Ereignissen hervor ...
- Die Personifikation wirkt heiter, lebhaft und spielerisch, weckt Assoziationen, sie ist daher besonders einprägsam.
- Die Ellipse betont spontane Gefühle, wirkt lebhaft.
- Die Metapher wirkt anschaulich, variiert den Ausdruck des eigenen Zustands durch einen originellen Vergleich, weckt Assoziationen/Erinnerungen an eigene Erfahrungen und Bilder, die man im Kopf hat.
- Die Lautmalerei wirkt heiter und einprägsam, verstärkt einen künstlerischen und spielerischen Eindruck des Gedichts. Sie unterstreicht somit die gute Laune des lyrischen Ichs.

Seite 54

Aufgabe 4

In den ersten beiden Strophen wird das Wort „Himmel" im direkten Wortsinn benutzt, also als konkreter, sichtbarer, geographischer Ort, an dem „Wolken ziehen" (V. 1) oder wo „der Mond (...) steht" (V. 9). In der dritten Strophe hingegen steht der „Himmel" für etwas anderes, es handelt sich also um ein Bild, eine Metapher, für einen erwünschten, harmonischen Zustand des Glücks, für das erträumte Paradies. Die „Himmelsleiter" steht für den Lebensweg, dessen Hindernisse man überwinden muss, um seine ersehnten Ziele zu erreichen.

Aufgabe 5
Der „Kopf“ steht bildlich für das vernunftmäßige Denken – im Gegensatz zu dem sinnlichen Wahrnehmen der Natur, wie es das lyrische Ich in den ersten Strophen erlebt und genießt. Der Vers will betonen, dass man im Leben glücklicher ist, wenn man nicht nur nachdenkt und alles zu erklären versucht, sondern wenn man daneben auch die Freude am Hören, Sehen, Spüren, Riechen und Schmecken wahrt und genießt.

Aufgabe 6
Erst, wenn man mit sich selbst im Reinen ist, kann man sich richtig freuen. Nur dann kann man diese Freude auch weitergeben, andere motivieren, begeistern, dazu auffordern, die Natur und die „kleinen Dinge“ wertzuschätzen.

Aufgabe 7
Der letzte Vers sagt im Wesentlichen zwei Mal das Gleiche (Tautologie). Er bringt jedoch auf diese Weise noch einmal zum Ausdruck, dass das lyrische Ich sich als „grundlos“ vergnügt betrachtet, dass die Freude ein Selbstzweck ist. Natürlich kann man dies hinterfragen, denn vielleicht gibt es doch einen Grund: Das lyrische Ich ist jemand, der oder die neugierig und offen auch über „kleine Dinge“ in der Natur glücklich ist. Das heißt, es ist nicht so anspruchsvoll wie vielleicht andere Menschen und das ist der Grund, warum es so dankbar und begeisterungsfähig ist.

Seite 55

Die Gedichtinterpretation schreiben

Aufgabe 1
individuelle Lösung

Aufgabe 2
Muster:

Das Gedicht „Sozusagen grundlos vergnügt“ von Mascha Kaléko ist im Jahr 1977 erschienen. Das lyrische Ich vertritt eine Person, die außerordentlich guter Laune ist und nach den Gründen dafür forscht. Da es schließlich den wichtigsten Grund für seine Freude in sich selbst, in seiner aufgeschlossenen, positiven Lebenseinstellung findet, soll das Gedicht den Lesenden vermutlich einen Spiegel vorhalten und diese ebenfalls auffordern, dankbar zu sein und sich an den kleinen Dingen des Lebens zu freuen.
Die ersten beiden Strophen des Gedichts umfassen jeweils acht Verse, nur die dritte und letzte Strophe weist zehn Verse auf. Dies deutet darauf hin, dass diese Strophe und die beiden zusätzlichen Verse ein besonderes Gewicht bekommen, da sie die Hauptaussage des lyrischen Ichs beinhalten bzw. sie am Schluss des Gedichts, also an einer wichtigen Position, noch einmal wiederholen und auf den Punkt bringen.
Das Gedicht weist ein sehr auffälliges Reimschema auf. Tatsächlich scheint es durchaus zu einem neugierigen und experimentierfreudigen lyrischen Ich zu passen, dass in diesem Gedicht jeweils in den ersten vier Versen jeder Strophe andere Reimschemata „ausprobiert“ werden (umarmender Reim in der ersten, Paarreim in der zweiten und Kreuzreim in der dritten Strophe), um dann jeweils die zweite Hälfte und die zwei zusätzlichen Verse der dritten Strophe im regelmäßigen Paarreim zu beenden.
Zahlreiche Stilmittel unterstreichen die inhaltlichen Aussagen des Gedichts. So wird z. B. die fröhliche und unbeschwerte Stimmung des lyrischen Ichs in der ersten Strophe durch auffällige Lautmalereien bekräftigt: „Brummer brummen“, „Immen summen“ (V. 5, 6) sowie „Spatzen schwatzen“ (V. 8). Dabei treten sogar Binnenreime und Assonanzen auf, die für einen schönen Klang der Verse sorgen. Wie bereits die Nomen „Heckenrosen und Holunder“ (V. 4) werden auch die Verben „schwatzen“ und „schweigen“ durch eine Alliteration verbunden, obwohl sie inhaltlich im Kontrast zueinander stehen (V. 8). Ein solcher Kontrast ist auf der Bedeutungsebene bereits durch die verschiedenen Farben (rote Luftballons im blauen Himmel, vgl. V. 7, in der grünen Natur, vgl. V. 3) vorbereitet worden, was darauf hinzuweisen scheint, dass das lyrische Ich sich an jeglicher Art von Pflanzen, Tieren und Naturphänomenen freut, sogar an Regen und Kälte (V. 2) oder an Stechmücken (V. 6), die üblicherweise kein Grund zur Freude sind. Dass Spatzen und Fische in dem Gedicht personifiziert werden, legt eine Übertragung auf die Menschen in der Umgebung des lyrischen Ichs nahe: Offensichtlich mag es auch diese, egal, ob sie „schwatzen“ oder „schweigen“ (vgl. V. 8).
„Ich freu mich, (...)“ (V. 1, 3, 9, 26) oder „Ich freue mich, (...) (V. 15, 16, 23) sind sehr auffällige Wiederholungen, die in enger Verbindung mit dem Inhalt des Gedichts stehen, da das lyrische Ich auf diese Weise alles darlegt, worüber es sich freut. Einen Eindruck der Fülle bewirkt z. B. die Aufzählung der Wetterphänomene in Vers 2 oder gar der Jahreszeiten in Vers 11. Viele aufeinanderfolgende Verse in der ersten Strophe beginnen mit dem Wort „Daß“ (V. 6, 7, 8), einer Anapher, die den Aufzählungscharakter der Verse weiter verstärkt. Die kurzen Sätze, die dadurch eingeleitet

werden, sind jedoch unvollständig, sodass hier eine Aneinanderreihung von mehreren Ellipsen vorliegt. Diese Stilmittel verstärken den Eindruck, dass das lyrische Ich sehr erregt ist und spontan seine Gefühle beschreibt. Erst gegen Ende der zweiten Strophe erweckt die Inversion „Das ist des Lebens Sinn" den Eindruck, dass hier eine wohlüberlegte, gewichtige Aussage getroffen wird, und in der dritten Strophe, wenn das lyrische Ich sich mehr auf sich selbst konzentriert und bewusster überlegt, werden auch die Sätze länger und ein Satz geht sogar über das Versende hinaus (V. 23-25). Es erfolgt ein Zeilensprung (Enjambement).

Eine zentrale Rolle für die Aussage des Gedichts spielen verschiedene bildliche Mittel, die die Aufmerksamkeit der Lesenden auf sich ziehen. So horcht man auf, wenn man nach den langen, konkreten und anschaulichen Beschreibungen des Lebensumfelds des lyrischen Ichs plötzlich in Vers 14 mit dem Wort „Kopf" konfrontiert wird: Der Kopf steht hier nicht nur für das Körperteil, sondern für eine viel weitere Fähigkeit des vernünftigen Denkens - und damit im Gegensatz zu dem, was das lyrische Ich bisher praktiziert hat, nämlich die Welt mit seinen Sinnen in sich aufzunehmen. Sehr eindrucksvoll ist auch die Metapher der „aufgeräumten, durch ein Feuer beheizten Diele", die sich über zwei Verse ausdehnt (V. 17f.) und für die innere Befindlichkeit des lyrischen Ichs steht. Sie verstärkt sehr, wie wohl sich das lyrische Ich fühlt.

In den folgenden Versen 19 und 20 greift das Gedicht sogar das Symbol der Himmelsleiter auf, die der Mythologie zufolge von der Erde ins Paradies führen soll. Der letzte Vers ist besonders bedeutsam: Nicht nur, dass durch die Wiederholung von „daß ich ... Daß ich" (V. 26) der Eindruck erzeugt wird, das lyrische Ich überlegt sich gut, was es sagen möchte, bevor es seinen Satz ausspricht, sondern vor allem die Tatsache, dass in dem Satz offensichtlich zwei Mal das Gleiche gesagt wird („Ich freu mich" „ich mich freu", eine Tautologie), lässt die Lesenden nachdenken: „Dass ich mich freu" soll damit der einzige Grund dafür sein, dass ich mich freu? Dies klingt zunächst nicht logisch, bringt aber gut die Botschaft des Titels auf den Punkt, denn das lyrische Ich will ja ausdrücken, dass es „sozusagen grundlos vergnügt" ist.

Aufgabe 3

Individuelle Lösung, z. B.:

Meiner Meinung nach ist die Botschaft des Gedichts immer noch aktuell, denn es wirft die Frage auf, ob Menschen immer einen Grund brauchen, um sich zu freuen? Kann man Lebensfreude verspüren, auch wenn - gerade in der heutigen Zeit - viele Gefahren, Krankheit und Krisen drohen? Das lyrische Ich bezieht seine Freude daraus, dass es ein Teil des Lebens ist. Je bewusster ich mir dessen bin, wie schön die Welt ringsherum ist, desto mehr kann ich mich an ihr freuen. Allein das Nachdenken über die Welt und ihre Bewohner, das wissenschaftliche Forschen und Beschreiben reicht nicht, um glücklich und vergnügt zu sein, sondern man muss hinausgehen ins Leben, erfahren, genießen, Augen, Ohren und das Herz öffnen. Vielleicht klingt das Gedicht heute für einige, die sich wahrlich nicht freuen können, zynisch und unpassend, vielleicht gibt das Gedicht aber auch Kraft, wenn es dazu aufruft, trotz allem all das Schöne bewusster wahrzunehmen und immer neu- und wissbegierig zu bleiben.

Seite 56

Teil 2: Vertiefen und üben

Muster:

Das Gedicht mit dem Titel „Spiegel" hat Erich Fried geschrieben; es wurde 1993 veröffentlicht. Es handelt von einer Person, die versucht, sich selbst besser zu verstehen und zu akzeptieren, und sich dafür in einem „Spiegel" betrachtet.

Gleich in der ersten Strophe wird dieser Wunsch klar formuliert: Das lyrische Ich möchte sich in einem Spiegel „sehen" (vgl. V. 2) und sich nicht mehr „entgehen" (vgl. V. 4), d.h., nicht mehr fliehen, sondern sich selbst erkennen und an seiner Identität festhalten. Dabei wundert es sich schon an dieser Stelle, aus wie vielen Teilen ein solcher Spiegel bestehen muss, um wirklich alle Besonderheiten des Charakters des lyrischen Ichs abbilden zu können.

In den folgenden drei Strophen benennt das lyrische Ich die zum Teil entgegengesetzten Eigenschaften, die es von sich im „Spiegel" entdeckt: Es kommt sich dabei z. B. manchmal „gut", manchmal „schlecht" (V. 7f.) vor. Manchmal scheint es „bedächtig" in seinem Handeln zu sein, manchmal sehr spontan und heftig (V. 9f.). Auffällig ist, dass es sich in Strophe vier in einem Spiegel doppelt sieht und im nächsten gar nicht (mehr) (vgl. V. 13-16). Das Gedicht endet mit einer beschwörenden Märchenformel, der innigen Bitte des lyrischen Ichs, der Spiegel möge es nicht ganz verrückt machen durch all die Gegensätze und Verzerrungen, die er zeigt (vgl. V. 20).

Das Gedicht ist in fünf Strophen unterteilt, die jeweils vier Verse umfassen. Obwohl die Verse unterschiedlich lang sind, weisen sie ein regelmäßiges Reimschema auf: Es reimen sich in jeder Strophe der zweite und der vierte Vers, die ersten und dritten Verse dagegen nicht.
Die erste Strophe und die letzte bilden einen Rahmen um die mittleren drei Strophen, dabei stellt die erste Strophe eine Frage, die letzte beendet das Gedicht mit einer Antwort, einem Appell, was auch formal durch das Ausrufezeichen deutlich wird. Die mittleren drei Strophen sind ähnlich in ihrem Aufbau: Die Anapher „In einem" (gemeint ist: in einem Teil des Spiegels) leitet jeden zweiten Vers aller drei Strophen ein und wird zudem noch mehrmals wiederholt (vgl. V. 5, 7, 9ff.). Durch diese auffälligen Wiederholungen wird die große Vielfalt der Eigenschaften betont, die das lyrische Ich an sich erkennt.
Als weiteres sprachliches Mittel fällt die große Zahl an Kontrasten auf, z. B. „gut" und „schlecht" (V. 7f.), „jung" und „alt" (V. 11f.), „noch nicht" und „nicht mehr" (V. 15f.). Diese Kontraste werden jedoch stets mit einem „und" verbunden und die Sätze gehen über das Versende hinaus. Auch ein solcher Zeilensprung (Enjambement) hat eine verbindende, fließende Wirkung (vgl. V. 9ff.). Die Kombination dieser Mittel zeigt, dass das lyrische Ich sich hin- und hergerissen fühlt und es ihm sehr schwerfällt, ein einheitliches Bild von sich selbst herzustellen.
Wenn man sich auch als Leser oder Leserin des Gedichts fragt, wieso das Spiegelbild eines Menschen so gegensätzlich sein kann, findet man in Vers 18 eine mögliche Antwort: Heißt es im Märchen „Schneewittchen" noch „Spieglein, Spieglein an der Wand", ruft das lyrische Ich hier: „Spieglein, Spieglein an *keiner* Wand" (V. 17f.). Dies lässt darauf schließen, dass es sich in diesem Gedicht um einen besonderen Spiegel handelt, vielleicht um mehrere Spiegel, womöglich sogar um Menschen der Umgebung, die dem lyrischen Ich schildern, wie sie es empfinden. Dies würde erklären, warum das lyrische Ich so unterschiedliche Eigenschaften von sich selbst gespiegelt erhält, dass es manchmal sehr viel von sich sieht und erkennt („zweimal", V. 13) und manchmal so gut wie nichts (V. 15f.). Dies würde auch unserem alltäglichen Leben, unserem Umgang mit Menschen entsprechen: Täglich begegnen wir vielen Gesichtern. Darunter sind alte Freunde, mit denen wir über alles reden können und die uns gut kennen und uns sozusagen „den Spiegel vorhalten", aber auch neue Leute, die vielleicht später zu Freunden werden. In den unterschiedlichen Lebenslagen muss man sich anpassen und sich angemessen verhalten. Dabei kommen jeweils andere Charakterzüge zum Vorschein, sodass eigentlich niemand von sich selbst sagen kann: „Ich bin so und nicht anders." Man kann jederzeit etwas hinzulernen und sich verändern. Das Gedicht ruft dazu auf, sich selbst in seinen vielen Eigenschaften, Stärken und Schwächen wahrzunehmen, zu erkennen und zu akzeptieren, auch wenn dies nicht immer leicht ist.

Kapitel 5
Gestaltendes Interpretieren – einen Tagebucheintrag oder einen Brief schreiben

Seite 59

Den Perspektivwechsel vorbereiten

Aufgabe 1

Die Geschichte spielt in einer kleinen Stadt. Zum Zeitpunkt des Geschehens werden keine Angaben gemacht, die Erzählung erschien 1845. Die Handlung spielt zu einer Zeit, als Ärzte noch von Dorf zu Dorf reisten.

Aufgabe 2

a) Die beiden „Ärzte" versprechen, Wunder zu vollbringen. Sie wollen fast jede Krankheit heilen sowie Tote wiedererwecken.
b) Die beiden treten sehr bestimmt und selbstbewusst auf. Sie regen sogar an, dass man sie während der Zeit bewacht, in der sie Tote zum Leben erwecken wollen.

Seite 60

Aufgabe 3

Anfangs lachen die Menschen und nehmen die beiden nicht ernst. Im Lauf der Zeit sind die Menschen verunsichert. Ab einem bestimmten Zeitpunkt wagt es niemand mehr, Zweifel zu äußern.

Aufgabe 4

Die beiden „Ärzte" treten sehr bestimmt auf. Die Bürgerinnen und Bürger haben Angst, dass Tote wiedererweckt werden, weil es sich auf die aktuelle Situation im Städtchen und auf die Bewohnerinnen und Bewohner womöglich negativ auswirken könnte.

Aufgabe 5

a) bis c)

Person	Gründe	Bewertung
1. angesehener Mann	Auf Erden habe seine Frau gelitten, im Himmel sei sie glücklich. Zudem wolle er seiner Frau nicht das alte Haus zumuten.	wenig nachvollziehbar
2. ein Neffe	Seinen Onkel, den er beerbt hat, habe es schon immer geärgert, geweckt zu werden.	nicht nachvollziehbar
3. Witwen	Es sei gegen Gottes Willen, die toten Ehemänner wieder ins Leben zurückzuholen. Das schade allen.	wenig nachvollziehbar
4. die beiden Ärzte des Städtchens	Ihre ehemaligen Patienten könnten einiges erzählen.	nachvollziehbar, wenn man an eine Wiedererweckung glaubt

Aufgabe 6

Sie sind bedrückt und in ihren Reaktionen gelähmt.

Seite 61

Aufgabe 7

Der Bürgermeister wartet zunächst ab und schließt sich erst spät der herrschenden Meinung an. Er gibt den beiden Ärzten Geld und stellt ihnen ein Zeugnis aus, damit sie weiterziehen.

Aufgabe 8

Der Bürgermeister ist noch nicht lange im Amt und unerfahren. Er bezieht erst Stellung, als er zu große Unruhe in der Stadt fürchtet. Er will alles ohne Aufsehen regeln, auch fürchtet er vielleicht die Wiedererweckung seiner Vorgänger. Allerdings handelt er verantwortungslos, indem er die Gauner durch Geld und Zeugnis unterstützt.

Aufgabe 9

Viele Bürgerinnen und Bürger haben ihre Bedenken zum Ausdruck gebracht. Sie sind sicherlich sehr froh, dass die beiden „Ärzte“ weiterziehen.

Den Tagebucheintrag schreiben

Aufgabe 1

a) Die Bürgerinnen und Bürger sind unruhig und verunsichert. Ein normaler Alltag ist kaum möglich. Die Situation könnte sich zuspitzen. Ich will die beiden loswerden.

b) Angst, Sorge, Ungewissheit, Misstrauen

c) Dann würde wieder Ruhe einkehren.

Seite 62

Aufgabe 2

Der Bürgermeister ist noch nicht lange Bürgermeister. Vor seiner Zeit gab es einige andere Personen, die dieses Amt ausgeübt haben. Er bezieht endlich Stellung.

Aufgabe 3

besorgt, ängstlich; kurzsichtig; rücksichtslos gegenüber Bürgerinnen und Bürgern anderer Städte und Dörfer, in die die beiden Fremden ziehen; abwägend, verlogen, berechnend

Aufgabe 4

individuelle Lösung

Aufgabe 5

Muster:

30.6.1852

Heute Nacht habe ich das erste Mal seit langem durchgeschlafen. Das tat so gut und war nach diesen schrecklichen letzten Tagen und Wochen auch bitter nötig.

Leider kann ich nicht sagen, dass ich wirklich stolz auf meine Taten bin, da ich Geld aus dem Säckel genommen habe. Aber das würde ich jederzeit wieder tun und im Endeffekt hat es geholfen, dass hier endlich wieder Friede einkehrt.

Vor ca. drei Wochen habe ich angefangen, meine Gedanken über die beiden „Ärzte” aufzuschreiben, die uns versprochen haben, Tote aufwecken zu können. Du weißt, dass ich mir von Anfang an sicher war, dass das Ganze nur eine billige Gaunerei ist. Aber dann traten die beiden immer bestimmter auf und boten sogar an, man möge sie drei Wochen lang bewachen, um so sicherzustellen, dass sie tatsächlich ihre Wunder vollbringen und sich nicht aus dem Staub machen. Und es kam, wie es kommen musste: Die Stimmung kippte.

Das Lachen verging den meisten, die Unruhe wuchs stündlich. In unserem Städtchen gab es nur noch dieses eine Thema. Und ich gebe ehrlich zu, dass dies nicht spurlos an mir vorbeiging. Ich sah, wie der eine oder andere den Kopf verlor, bei den zwei Fremden vorbeischaute, ihnen einen Brief zukommen ließ. Man steckte ihnen Geld zu, um die Toten „ruhen zu lassen". Naja, wer da wohl eher seine Ruhe haben wollte?
Als Bürgermeister darf ich in solchen unheilvollen Zeiten keine Schwäche zeigen. Ich muss das Wohl der Gemeinde im Blick haben. Und das ist erst wieder garantiert, wenn hier Ruhe einzieht. Ich habe auch daran gedacht, wie sich meine Vorgänger in solch einer Situation verhalten hätten. Ich mache mir auch Gedanken um das Wohl meiner Familie. Natürlich will ich auch meinen Arbeitsplatz erhalten, an dem ich sehr hänge. Ich erinnere mich noch genau daran, warum ich Bürgermeister werden wollte und wann ich beschloss, dies zu werden ... Deswegen habe ich so gehandelt. Es gab keine andere Möglichkeit. Diese „Ärzte" hätten meinen Lebenstraum zerstört.
Es gibt vieles, was ich nicht verstehe, und auf viele Fragen, die in meinen Kopf herumschwirren, finde ich keine Antwort. Aber ich kann zumindest sagen, dass ich unser Städtchen vor diesen Wunderärzten, die uns nur Schlechtes gebracht haben, gerettet habe. Ich will dieses Städtchen und seine Bürgerinnen und Bürger schützen und jeden Tag für ihre Sicherheit und ihr Wohlbefinden sorgen.
Um die Bürgerinnen und Bürger anderer Städte und Dörfer müssen sich andere kümmern. Mal sehen, ob ich von den dortigen Bürgermeistern etwas erfahre. Ich hoffe nicht!

Seite 63

Den Brief schreiben

Aufgabe 1
In einer kleinen Stadt haben die beiden „Ärzte" weniger Konkurrenz. Hier können sie die Menschen vielleicht auch eher beeinflussen.

Aufgabe 2
Die beiden erzählen sehr überzeugend von ihren Fähigkeiten. Hinzu kommt, dass sie den Bürgerinnen und Bürgern der Stadt anbieten, sie selbst drei Wochen lang zu überwachen. So wäre gewährleistet, dass sie – die falschen Ärzte – sich nicht heimlich aus dem Staub machen.

Aufgabe 3
Die beiden tun so, als nähmen sie die Vereinbarung nur aus Gefälligkeit dem Bürgermeister gegenüber an und als hätten sie damit sogar zu ihrem Nachteil gehandelt. Aber sie halten sich an die Vereinbarung und verlassen das Städtchen. Sie gehen wohl in die Schweiz.

Aufgabe 4
a) individuelle Lösung, z. B.:
- Ich bin unruhig, da ich immer befürchte, dass die Bürgerinnen und Bürger unseren Schwindel entlarven.
- Ich bin solange unruhig, bis der Erste uns aufsucht und uns Geld dafür anbietet, seinen Verstorbenen ruhen zu lassen.
- Ich bin ganz ruhig, da ich weiß, die Sache läuft immer gut.

b) individuelle Lösung, z. B.:
- Ich fühle mich gut, da meine Gaunerei erfolgreich war.
- Ich bin froh, dass alles wie immer gut geklappt hat, aber langsam wird mir das zu viel.
- Ich würde ja gern aufhören, aber mein Kollege will immer noch mehr.

Aufgabe 5
falsch, verlogen, gerissen, schlau

Aufgabe 6
individuelle Lösung, z. B.:
- aus dem Bedürfnis, noch einmal die Geschichte zu erzählen und Genugtuung zu erfahren,
- um sich lustig zu machen und über die Dummheit der Leute zu spotten,
- um zu erzählen, dass die Abschiedsgeschenke einen guten Start in der Schweiz ermöglicht haben,
- wegen einer Erpressung: Forderung nach mehr Geld oder Drohung zurückzukommen,
- um aus Reue um Entschuldigung zu bitten

Seite 64

Aufgabe 7
individuelle Lösung, z. B.: Sehr geehrter Herr Bürgermeister, ...
Dem Inhalt entsprechend kann sich der Schreiber auch über den Bürgermeister lustig machen und ihn in der Anrede beleidigen: Liebes Bürgermeisterchen, ...

Aufgabe 8 und 9
individuelle Lösung

Aufgabe 10

Muster:

1.4.1855

Sehr geehrter Herr Bürgermeister,

ich hoffe doch, dass es Ihnen und den Bewohnern des kleinen Städtchens immer noch gut geht. Gregor und ich haben die Stadt sehr ins Herz geschlossen. Die Bewohner waren sehr nett zu uns, obwohl sie anfangs über uns gelacht haben. Zu gerne hätten wir ihnen geholfen und die Toten wieder zum Leben erweckt ... Unglaublich, wer alles an uns geglaubt hat: der angesehene Mann, der seiner Frau angeblich das alte Haus nicht zumuten wollte, der Neffe, der sich Gedanken um seinen Onkel machte, den er beerbt hat. Angeblich habe es diesem schon immer geschadet, aus dem Schlaf geweckt zu werden. Nicht vergessen möchte ich die Witwen, die auf einmal so fromm wurden. Am schönsten war die Reaktion der beiden Ärzte. Die hatten ja eine Riesenangst davor, dass ihre ehemaligen Patienten so einiges ausplaudern würden. Die hätten von all den unnötigen Eingriffen, Medikamenten und überteuerten Rechnungen erzählen können!

Und wie war es mit Ihnen, Herr Bürgermeister? Ein Städtchen in Aufruhr zu führen, ist nicht leicht. Wir haben davon nur profitiert: hier fünfzig Louisdor, dort ein paar mehr und, nicht zu vergessen, die großzügige Abfindung aus dem allgemeinen Säckel und das Zeugnis, das Sie uns ausgestellt haben. Zu gerne würden wir wieder vorbeikommen, um noch einmal ein gutes Geschäft zu machen. Aber auch mit Ihrem Schreiben geht es uns gut! Sie glauben gar nicht, welche Wunder das bewirkt. Unser Säckel wächst und wächst. Nur bleiben wir nie wirklich lange an einem Ort. Aber was soll's! Man kann nicht alles haben.

Ich verbleibe mit freundlichen Grüßen aus der Schweiz

Edward, Wunderheiler

Seite 65

Teil 2: Vertiefen und üben

Tagebucheintrag

Muster:

3.12.20...

Im Zug nach Berlin komme ich endlich dazu, die Geschehnisse der letzten Tage Revue passieren zu lassen. Langsam komme ich zur Ruhe und versuche, mich aus diesem Wirrwarr von Lügen und Mitleid meinem Vater gegenüber zu befreien. Das Wichtigste ist, ich bin dieses Bild los und vor allem muss ich nicht mehr mitansehen, wie mein Vater zwischen Hoffnung und Enttäuschung hin- und hergerissen ist. Los geworden bin ich aber auch 1000 €. Aber ich bereue meine Entscheidung nicht. Sie war für uns alle die „letzte Rettung".

Ich konnte es einfach nicht mehr ertragen. Zunächst hatte Vater die Hoffnung auf ein großes Erbe – die monatlichen Zugfahrten von Hamburg nach Berlin sollten nicht umsonst gewesen sein, dann kam die Ernüchterung, als er feststellen musste, dass ihm nur dieses eine Bild geblieben war. Er war so enttäuscht und fühlte sich betrogen. Dass es wertlos sein sollte, konnte er nicht glauben.

Dann musste ich mitansehen, wie es ihm finanziell immer schlechter ging. Das war alles so ungerecht. Die reiche Tante hatte sich ein Zimmer in einer Villa leisten können, er wohnte weiterhin in seiner Sozialwohnung. Wieder klammerte er sich an den Gedanken, dass das Bild einen Wert haben müsse ... Ihm zuliebe ging ich trotz besseren Wissens in sämtliche Auktionshäuser in Charlottenburg und ertrug das spöttische Grinsen, als ich das Bild zeigte. Was tut man nicht alles? Bruno hatte ja damals schon gesagt, dass höchstens der Rahmen 50 € wert sei, und den Kommentar und Gesichtsausdruck des Möbelpackers habe ich nicht vergessen.

Die 1000 €, die ich dann in Hamburg von meinem Konto abgehoben habe, waren zwar das Letzte, was mein Dispo hergegeben hat, aber das Beste, was ich für meinen Vater tun konnte. Und ich würde es wieder tun, auch wenn ich jetzt mit einer Lüge leben muss. Die Freude meines Vaters entschädigt mich für alles! Er hat die Geschichte geglaubt, dass im Zug ein Mann das Bild bewundert und mir abgekauft hat. Meine Stimme hat mich ein bisschen verraten, aber er hat es nicht bemerkt. Ich kann nur hoffen, dass ihm das Geld hilft, die nächsten Wochen über die Runden zu kommen und niemand das Bild auf dem Fundbüro abgibt ...

Brief

Muster:

28.12.20..

Lieber Bruno,

du wunderst dich sicher, dass ich dir schreibe, aber am Jahresende wird man manchmal sentimental und erinnert sich an alte Zeiten. So ergeht es auch mir. Ich hoffe, es geht dir gut und du denkst inzwischen nicht nur an die schlechten, sondern auch die guten Zeiten zurück, die wir miteinander verbracht haben.

Mir geht es gut und ich kann sagen, seit ein paar Tagen richtig gut. Da der Anlass ein Objekt ist, das uns auch in unserer Ehe begleitet hat, will ich dir davon berichten.

Du erinnerst dich sicherlich an dieses grässliche Mispel-Tomaten-Marillen-Bild. Wir hatten es hinter dem Regal in die Kammer gehängt. Es war das einzige Erbstück von Tante Luise, die bei ihrem Tod die 300000 € verbraucht hatte, von denen Vater immer geträumt hat. Du weißt, dass er dafür zwölf Jahre lang jeden Monat von Hamburg nach Berlin gefahren ist!

Du hast den Wert des Bildes bzw. des Rahmens irgendwann mal auf 50 € geschätzt und den Kommentar des Möbelpackers, der das Bild bei meinem Auszug sah, werde ich auch nie vergessen.

In letzter Zeit ist es meinem Vater finanziell sehr schlecht ergangen. Die harten Zeiten waren endgültig da und er erhoffte sich von dem Bild die „letzte Rettung". Ihm zuliebe ging ich trotz besseren Wissens in sämtliche Auktionshäuser in Charlottenburg. Du ahnst, wie es mir erging. Ich erntete nur Gespött, als ich das Bild zeigte.

Ich habe es einfach nicht mehr ertragen. Du wirst nicht glauben, was ich getan habe: Ich habe das Bild im Zug nach Hamburg mit Absicht liegen lassen. Es ist weg! Ich konnte nicht mehr: dieses grässliche Bild und die Hoffnung meines Vaters, es müsse doch etwas wert sein. Meinem Vater habe ich eine unglaubliche Geschichte aufgetischt. Ein älterer Herr habe das Bild im Zug eine ganze Stunde lang verzückt angeschaut und erzählt, es würde ihn an etwas erinnern. Er habe mir dann 1000 € dafür gegeben. Wenn Vater auf meine Stimme geachtet hätte, hätte er bemerkt, was für ein Lügenmärchen ich ihm erzähle. Aber er hat sich so gefreut. Noch nie habe ich solch eine Reaktion bei ihm gesehen. Das hat mich für alles entschädigt: für unsere Streitereien wegen des Bildes, meine Besuche in den Auktionshäusern, Vaters Enttäuschung in den letzten Monaten und Jahren und über den Verlust von 1000 €.

Diese Geschichte wollte ich dir nicht vorenthalten. Ich hoffe, dass in deiner neuen Wohnung schönere Bilder hängen und es dir gut geht.

Amelie

Kapitel 6

Gestaltendes Interpretieren – einen szenischen Dialog verfassen

Seite 69

Die Kurzgeschichte analysieren

Aufgabe 2

a) Die Hauptpersonen sind ein junges Mädchen und eine Frau. Die Geschichte spiegelt in Form des inneren Monologs die Gedanken des Mädchens.

b) Das Mädchen singt in der Fußgängerzone einer Stadt und sammelt Geld dafür ein. Es ist draußen sehr kalt. Die Passanten eilen vorüber, beachten sie wenig. Das Mädchen fühlt sich einsam, erinnert sich an seine Kindheit und seine Mutter. Offensichtlich hat das Mädchen früher in guten Verhältnissen gelebt (vgl. z. B. Z. 40f.). Die Frau bleibt stehen und hört ihr trotz der Kälte längere Zeit zu (Z. 60f.).

Seite 70

c) Die Frau lädt das Mädchen zum Essen ein (Z. 78). Das Mädchen freut sich darüber. Es überlegt, ob die Begegnung mit der Frau sein Leben verändern wird, evtl. wird es bald nicht mehr singen und um Geld betteln müssen (Z. 81ff.). Die Motive der Frau, das Mädchen einzuladen, bleiben in der Geschichte unbekannt.

Aufgabe 3

- *Wie alt ist das Mädchen?* 15 Jahre (Z. 27)
- *Wie sieht sie aus?* Sie ist sehr hübsch. Ihre Schönheit wird aber von den Passanten nicht erkannt. (Z. 14)
- *Was hat sie an?* Sie ist für die Kälte nicht angemessen gekleidet, trägt „dünne Kleidung" (Z. 2).
- *Was tut sie?* Sie singt elf Stunden am Tag und sammelt dafür Geld in einem Kästchen. (Z. 4f., 17f., 72f.)
- *Wo befindet sie sich?* In einer Ladenzeile, wo Passanten Einkäufe erledigen. (Z. 21, 44)
- *Wie geht es ihr in diesem Moment?* Sie friert, sie ist allein, muss sich selbst versorgen (Z. 1ff., 5f.), „keine Schule, keine Arbeit" (Z. 28), kein Zuhause (Z. 10).
- *Wie ging es ihr in der Vergangenheit?* Sie ist in einem guten Elternhaus aufgewachsen, wurde geliebt und hatte Vertraute, die ihr viele teure Dinge gekauft und sie ab und zu mit „tollen Sachen" und „heißem Kakao mit extra Sahne" verwöhnt haben (Z. 36–44).
- *Was fürchtet sie?* Sie befürchtet, nicht genug Geld für ihren Lebensunterhalt zu verdienen, da sich offensichtlich vieles im Leben nur ums Geld dreht (Z. 30). Sie befürchtet, dass sie sozial absteigt, nicht mehr singen darf, was sie offensichtlich gut kann (Z. 56), sondern eine Putzstelle annehmen und Arbeiten verrichten muss, die ihr nicht gefallen. Sie fürchtet, in ihren Wünschen und Fähigkeiten nicht verstanden und akzeptiert, geschweige denn, gefördert zu werden (Z. 23).
- *Was wünscht sie sich?* Sie hofft darauf, dass Leute ihr zuhören, ihre Schönheit und ihr Talent erkennen und „ihr Kästchen zum Klingen" bringen (Z. 17f.). Sie wünscht sich neue Vertraute, die in ihr Leben treten, und dass die schöne Zeit von früher zurückkehrt (Z. 81ff.).

Aufgabe 4

Das Mädchen spürt plötzlich, dass ihm jemand zuhört. Diese Aufmerksamkeit beflügelt seinen Gesang (Z. 63). Es spürt zum ersten Mal aufrichtige Freude (vgl. Z. 71). Dank der Frau scheinen nun auch andere Leute stehenzubleiben und diese Anerkennung macht das Mädchen glücklich. Es scheint stolz darauf zu sein, dass es mit seiner Stimme bewirken kann, dass die Menschen ihr lauschen und für einen Moment ihre Sorgen vergessen (Z. 66f.).

Aufgabe 5

Das Mädchen: hoffnungsvoll, schüchtern, scheu, zurückhaltend, misstrauisch, traurig, höflich, aufgeregt
Die Frau: freundlich, einfühlsam, anerkennend, offen, verständnisvoll, einfach, direkt, wortgewandt

Aufgabe 6

Das Mädchen freut sich über die Einladung der Frau, aber es weiß nicht, ob ihre neue Hoffnung begründet ist. Vermutlich ist das Mädchen schon zu oft enttäuscht worden, als dass es der Frau bedingungslos folgen und ihr ganz vertrauen könnte. Das Mädchen hat aus Erfahrung gelernt, lieber keine Pläne zu schmieden und keine großen Hoffnungen in solche Bekanntschaften zu setzen.

Seite 71

Den Dialog vorbereiten

Aufgabe 1

individuelle Lösung, z. B.:
1. Die Frau könnte Mitleid mit dem Mädchen haben, weil sie selbst Kinder in dem gleichen Alter hat. Vielleicht hat sie ein Kind durch einen Unfall verloren und das Mädchen ähnelt ihrem eigenen, die Begegnung hilft ihr über ihre Trauer hinweg.

2. Die Frau, eigentlich eine recht skrupellose Geschäftsfrau, könnte aber auch nicht so gute Absichten mit dem Mädchen haben. Vielleicht möchte sie nur das Vertrauen des Mädchens erschleichen, um es später für ihre Zwecke zu benutzen.

Aufgabe 2

individuelle Lösung, z. B.:

1. Das Mädchen könnte sich freundlich und dankbar erweisen, die beiden könnten Freundinnen werden. Andererseits könnte es aber auch die Freundlichkeit der Frau ausnutzen und ihr im Restaurant z. B. die Geldbörse stehlen und weglaufen.

2. Das Mädchen könnte der Frau zum Opfer fallen und sehr unglücklich werden, weil es in einen „goldenen Käfig" gesperrt wird. Andererseits könnte das Mädchen die Frau auch durchschauen und z. B. die Polizei informieren.

Den Dialog schreiben

Aufgabe 1

Das Mädchen beginnt: Stimmig ist die dritte Variante. Die oberste ist zu überschwänglich und wortreich für das Mädchen, die mittlere ist zu umgangssprachlich. Der ganze innere Monolog wirkt eher reflektiert, zum Teil poetisch und ist nicht in Umgangssprache verfasst.

Die Frau beginnt: Stimmig ist ebenfalls die dritte Version. Die oberste scheidet aus, weil die Frau dem Mädchen solche Vorwürfe nicht machen würde, dann hätte sie bereits auf der Straße die Polizei gerufen. Die mittlere Version ist unwahrscheinlich, denn die Frau sieht zwar aus wie eine gestresste Geschäftsfrau, verhält sich aber in der Geschichte anders, nimmt sich Zeit und hört aufmerksam zu.

Seite 72

Aufgabe 2

individuelle Lösung, z. B.:

Das Mädchen beginnt:

Mädchen *(schaut verlegen in ihr leeres Glas):* Warum machen Sie das?

Die Frau beginnt:

Die Frau *(schaut sich um und macht eine einladende Handbewegung):* Das ist mein Lieblingscafé. Gefällt es dir hier?

Aufgabe 3

individuelle Lösung, z. B.: Das Mädchen wird als Sängerin engagiert. Es wird adoptiert und in die Familie der Frau aufgenommen. Es wird ausgenutzt und schlecht behandelt. ...

Aufgabe 4

Muster:

Frau:	Du singst wirklich schön.
Mädchen:	Danke. Ich muss einfach singen, jeden Tag.
Frau:	Möchtest du denn Sängerin werden? *(Die Kellnerin bringt Getränke. Das Mädchen greift hastig zur Cola, zieht die Hand aber wieder zurück.)* Greif ruhig zu. Essen wir Cheeseburger? Du bist doch bestimmt hungrig? *(Das Mädchen nickt. Pause. Beide schweigen.)* Gefällt dir das Café? Wenn ich in der Stadt bin, gehe ich gern hierher.
Mädchen:	Warum machen Sie das?
Frau:	Was? Eine Straßenmusikerin zum Essen einladen? Warum nicht? *(Sie lacht.)*
Frau:	*(zur Kellnerin)* Zwei Cheeseburger bitte, mit einem großen Salat. *(zum Mädchen)* Du bist sicher noch minderjährig, oder?
Mädchen:	Fünfzehn. Ich will weg, will singen, ich will wirklich Sängerin werden. Aber wenn das nicht Geld genug bringt ... Wusste ich's doch ... *(Sie nimmt ihre Jacke, springt auf und will gehen.)*
Frau:	Halt, warte, was wusstest du?! Geh nicht!
Mädchen *(aufbrausend)*:	Wusste ich doch, dass Sie vom Jugendamt sind, Sie wollen mich doch nur ins Heim zurückbringen!
Frau:	Nein, will ich nicht, ehrlich!
Mädchen:	Warum sonst schleppt mich eine piekfeine Dame wie Sie in ein Restaurant?

Frau:	Ganz einfach: Weil ich gesehen habe, dass du frierst und viel zu dünn bist! - Jetzt setz dich bitte wieder. Den Salat schaffe ich nicht allein. - Und zwei Burger schon gar nicht! *(Die Kellnerin bringt eine riesige Schüssel Salat.)*
Frau:	Jetzt lang zu. Noch eine Cola? *(Das Mädchen wehrt ab. Sie essen schweigend.)* - Hm, lecker. Der Salat ist so frisch, dass ich neulich eine lebendige Schnecke darin gefunden habe ...
Mädchen:	Ihh! Echt jetzt?! *(Sie stochert suchend in ihrer Schüssel herum. Die Frau lacht, das Mädchen seufzt erleichtert und lächelt auch ein wenig.)*
Frau:	Das Lächeln steht dir gut! Im Übrigen, warum ich dich kennenlernen möchte: Du erinnerst mich an jemanden. Es ist eine Jugendfreundin von mir. Sie ist weggezogen und wir haben uns aus den Augen verloren. Sie hat super gesungen, war auch so leicht aufbrausend - und viel zu bescheiden. Hat nie an sich geglaubt. *(Die Cheeseburger werden gebracht. Beide essen schweigend.)*
Mädchen:	*(nach einer langen Pause)* Sie haben keine Kinder?!
Frau:	Du hast Recht, ich habe keine. Sieht man das?
Mädchen:	Nein. Aber Sie reden mit mir nicht wie mit einem Kind.
Frau:	Ist das jetzt gut oder schlecht?
Mädchen:	Gut.
Frau:	Prima *(tupft sich mit der Serviette die Lippen ab)*. Dann kommen wir jetzt zum Geschäftlichen!
Mädchen *(erschrocken)*:	Zum Geschäftlichen?
Frau:	Ja. Ich habe dir gesagt, ich mag, wie du singst. Ich möchte dich engagieren.

Mädchen:	Engagieren?
Frau:	Ja. Du singst für mich auf Veranstaltungen, nicht in dieser kalten Fußgängerzone - und nicht für ein paar Cent am Tag! Wir machen einen fairen Vertrag, aber dazu brauche ich halt ein paar Daten von dir. Vor allem kannst du nicht selbst unterschreiben, wir brauchen einen erwachsenen Vormund. So doof das auch ist. *(Sie sieht das Mädchen fragend an, das Mädchen sagt kein Wort.)* Hier ist meine Visitenkarte. Ich bin Eventmanagerin, wenn dir das was sagt. Ich organisiere Messen, Betriebsfeiern und so weiter ... *(Die Kellnerin bringt Kaffee.)*
Frau:	Wirklich keine Cola mehr?
Mädchen:	Nein ... danke. Aber ... eine heiße Schokolade vielleicht? Mit Sahne?
Frau *(lacht)*:	Aber sicher. Wenn du willst, schreiben wir das in deinen Vertrag: Die Künstlerin bekommt pro Auftritt eine heiße Schokolade mit extra viel Sahne!
Mädchen:	Wissen Sie, ich dachte erst, Sie wären so eine - eine Business-Tussi. Für mich hat sich noch nie jemand wirklich interessiert. *(Die Schokolade wird gebracht. Das Mädchen löffelt die Sahne)*
Frau:	Woran denkst du? Was deine Mutter dazu sagen würde? *(Das Mädchen nickt.)* Glaub mir, sie wäre stolz auf dich! Ok, ich bin keine Mutter, das steht mir eigentlich nicht zu, aber ...
Mädchen:	Vielen Dank für das Essen! *(Sie steht auf, legt die Visitenkarte zurück auf den Tisch.)* Aber, wissen Sie, ich glaube Ihnen trotzdem nicht. Den „Aschenputtel-Trick“, den kenne ich. Ich glaube nicht an Märchen. Ciao! *(Sie geht schnell hinaus, die Frau bleibt verblüfft zurück.)*

Seite 73

Teil 2: Vertiefen und üben

Muster:

(Die Frau und die junge Verkäuferin sitzen in der Leseecke. Die Frau ist nervös; man merkt ihr an, dass sie nicht weiß, wie sie das Gespräch anfangen soll.)	
Frau *(zögernd)*:	Entschuldigen Sie, Sie waren gestern so freundlich zu mir, und ich habe mich so dumm benommen.
Verkäuferin:	Aber warum denn? Wie meinen Sie das?
Frau:	Ich habe meine Brille nicht vergessen, gestern nicht und heute auch nicht.
Verkäuferin:	Ich fürchte, ich verstehe nicht ... *(zieht fragend die Augenbrauen hoch)*
Frau *(knetet ihre Hände)*:	Ich rede nicht gerne darüber, aber ich wollte ... Ich dachte, Sie sollten das wissen, Sie haben sich so um mich bemüht, gestern ...
Verkäuferin:	Gerne, das freut mich zu hören. Es war mein erster Tag hier, wissen Sie. *(Die Frau schaut sich um, um sicherzugehen, dass niemand zuhört.)*
Frau:	Sie sind so aufmerksam, das tat mir richtig gut gestern. Ich wollte Ihnen sagen: *(leise)* Ich kann gar nicht lesen.
Verkäuferin:	Oh, Entschuldigung! Das tut mir leid – auch, dass ich das nicht bemerkt habe!
Frau:	Sie müssen sich nicht entschuldigen. Und ich bin heilfroh, dass man das nicht bemerkt. Ich habe meine Tricks, schlage mich so durch. *(Pause, beide schweigen.)* Meine Tochter, haben Sie sie gesehen? Sie geht in die dritte Klasse, sie liest viel besser als ich. Es ist mir so peinlich.
Verkäuferin:	Deshalb haben Sie nach einem Buch zum Lesenlernen gesucht! Aber das ist doch toll!
Frau:	Gestern hat hier eine Frau ihrem Sohn vorgelesen. Ich habe das nie gekonnt, so sehr ich mich bemüht habe – und bald liest meine Tochter mir alles vor.
Verkäuferin:	Haben Sie denn schon versucht, es zu lernen? Haben Sie in das Buch reingeschaut, das Sie gekauft haben?
Frau *(lebhaft)*:	Das ist es ja! Ich kann damit nichts anfangen, ich habe es schon oft versucht. Ohne jemanden, der mir hilft, bin ich aufgeschmissen! Diese komischen Buchstaben – sie ergeben keinen Sinn für mich.
Verkäuferin:	Hm, ich kenne mich damit nicht aus. Aber – es gibt doch bestimmt Kurse, wo andere Leute sind, die das gleiche Problem haben wie Sie. Haben Sie sich mal erkundigt? Ich kann nachschauen, ich habe das VHS-Programm da ... *(will aufstehen, aber die Frau hält sie zurück)*
Frau:	Ja, ab und zu gibt es so etwas, aber dann wäre es so ... offiziell. Ich dachte, vielleicht könnten Sie mir Unterricht geben? Ich kann Ihnen auch etwas bezahlen ...
Verkäuferin *(verlegen)*:	Hm, das würde ich gerne tun, aber wissen Sie: die Ausbildung hier, die Schule, da bleibt nicht viel Zeit für mich – und meinen Freund ...
Frau:	Klar, verstehe, das war eine dumme Idee von mir, entschuldigen Sie ...
Verkäuferin:	Nein, nein, warten Sie, die Frau, die hier gestern mit ihrem kleinen Sohn saß, das ist meine ehemalige Lehrerin. Sie ist gerade im Erziehungsurlaub – und ich könnte sie fragen, sie kennt sich aus. Was meinen Sie? Ich würde Ihnen wirklich gern helfen!
Frau:	Ich weiß nicht, vielen Dank, aber – ich schäme mich einfach ...
Verkäuferin *(plötzlich sehr lebhaft, überzeugt von ihrer guten Idee)*:	Ich finde, Sie sollten sich nicht schämen: Es gibt viele Leute, die etwas nicht gut können: Schauen Sie mich an, ich kann einfach nicht gut Radfahren. Ich habe es nicht gelernt, als ich klein war. Und Frau Brehme, meine Deutschlehrerin, glauben Sie mir: Sie kann nicht mit Zahlen umgehen! Dabei ist sie echt eine tolle Lehrerin und wird Sie sicher verstehen, bitte: Erlauben Sie mir, dass ich sie frage!

Frau:	Meinen Sie? – Vielleicht versuchen wir es, ja, schon meiner Tochter zuliebe. Ich muss das einfach schaffen!
Verkäuferin:	Sie schaffen das! Rufen Sie mich morgen an, oder noch besser: Ich rufe Sie an, sobald ich etwas weiß.
Frau *(wirkt erleichtert)*:	Vielen Dank! Ich bin so froh, dass ich Sie angesprochen habe! Danke, dass Sie sich Zeit genommen haben.
Verkäuferin:	Ich danke Ihnen! Ich finde, Sie sind total mutig! *(leiser)* Und, wissen Sie was, ich muss gestehen, dass ich gestern, an meinem ersten Tag, nur einen guten Eindruck beim Chef machen und irgendein Buch verkaufen wollte ... Ich bin jetzt sehr froh, dass es nicht „irgendein Buch" und „irgendeine Kundin" war, sondern dass Sie es sind: meine erste Kundin! *(Die Frauen verabschieden sich herzlich.)*

Extra
Richtig schreiben

Seite 75

Aufgabe 1
individuelle Lösung

Seite 76

Aufgabe 2
individuelle Lösung

Aufgabe 3
kom/men/tie/ren – Krepp/pa/pier – Ge/sell/schaft – be/küm/mert – Kon/trol/le – Kunst/stoff
Prü/füngs/auf/ga/ben – Be/ar/bei/tungs/zeit – vor/be/rei/ten – re/flek/tie/ren

Aufgabe 4
der Verban**d** (verbin**d**en), die Schul**d** (schul**d**ig), kran**k** (der Kran**k**e), en**d**gültig (das En**d**e), passen**d** (die passen**d**en Schuhe), plum**p** (plum**p**er), der Kontoauszu**g** (die Kontoauszü**g**e), der Kor**b** (die Kör**b**e)

Aufgabe 5
Er sang ein Lied: *sang* = 3. Pers. Sing. Präteritum von *singen*
Das Schiff sank: *sank* = 3. Pers. Sing. Präteritum von *sinken*

Seite 77

Aufgabe 6
w**ä**chst – w**a**chsen, tr**ä**gt – tr**a**gen, bem**ä**ngeln – M**a**ngel, schw**ä**tzen – Schw**a**tz, S**äu**re – s**au**er, N**ä**he – n**a**h, Str**äu**cher – Str**au**ch, tr**äu**men – Tr**au**m

Aufgabe 7
z. B.: Fühler, gefühlvoll, fühlbar, einfühlsam, feinfühlig, anfühlen, befühlen, Mitgefühl, Glücksgefühl, Gefühllosigkeit

Aufgabe 8
leer: z. B. ausleeren, Leerstand, Leere, Leergut, Leerlauf, entleeren
lehr: z. B. Lehrerin, Lehramt, Lehrerzimmer, Lehrauftrag, Lehrbuch, lehren, belehren, lehrreich

Aufgabe 9
Lehrstelle = Ausbildungsplatz; Leerstelle = nicht besetzte Stelle

Seite 79

Aufgabe 1
Unsere Prüfung steht bald bevor. Wenn ich erfolgreich sein, will brauche ich eine gute Strategie. *(Komma zwischen Haupt- und Nebensatz)*
Anstatt Däumchen zu drehen, bereite ich mich mehrmals in der Woche auf die Fächer Deutsch, Mathematik und Englisch vor. *(Komma bei Infinitivgruppen und Komma bei Aufzählungen)*
Ich lerne sowohl morgens als auch nachmittags. Ich habe kein Problem damit, die nächsten Wochen weniger Zeit mit meinen Freunden zu verbringen, da ich mir sicher bin, dass ich mit meiner Vorbereitung eine gute Prüfung ablegen werde. *(Komma bei Infinitivgruppen und Komma zwischen Haupt- und Nebensatz)*